그리스도인의
몸 기도

믿음이란 한 알의 밀알이 땅에 떨어져 죽음으로 많은 열매를 맺음과 같이 진리의 열매를 위하여 스스로 죽는 것을 뜻합니다. 눈으로 볼 수는 없으나 영원히 살아 있는 진리와 목숨을 맞바꾸는 자들을 우리는 믿는 이라고 부릅니다. 「믿음의 글들」은 평생, 혹은 가장 귀한 순간에 진리를 위하여 죽거나 죽기를 결단하는 참 믿는 이들의, 참 믿는 이들을 위한, 참 믿음의 글들입니다.

그리스도인의 몸 기도

영·혼·몸의 총체적 회복 수련

곽진호 지음

홍성사

무술로 사람을 지키는 이유도,
의술로 사람을 치료하는 이유도
생명의 소중함에 있다.

생명이 소중하다면
그 생명이 왜 소중한지,
그 생명이 어디서 시작되었는지,
그 생명은 언제 끝나는지,
끝나면 어떻게 되는지 알아야 하지 않을까?

그래서 나는 생명의 근원되신 하나님 알기를 원한다.

영·혼·몸은 연결되어 있다

사람은 영·혼·몸으로 구성되어 있어서 몸의 문제로 영혼이 피폐해지는 경우도 있고, 영혼의 문제로 몸이 힘들어지는 경우도 많다. 영·혼·몸이 유기적 관계에 놓여 있기 때문이다. 어떤 경우든 영혼과 몸의 유기적 관계성을 부인할 수는 없다. 진정한 회복을 위해서는 사람을 영·혼·몸으로, 총체적으로 보아야 한다.

평소에 써왔던 글들 중에서 전인적 회복이라는 주제로 글을 묶었다. 1부 '마음 회복'에는 회복을 위해 심(心)적으로 갖추어야 할 것들을 담았고, 2부 '영 회복'에는 주로 말씀과 기도 생활에 도움이 되는 글들을 담았다. 3부 '몸 회복'에는 내가 만든 무술에서 몸 회복에 도움이 되는 내용을 정리하여 담았다. 의료 혜택의 사각지대에 있는 분들을 위해 내공수련까지 싣게 되었다. 그런데 내공수련 정보를 싣다 보니 몇 가지 문제가 있었다. 건강에 유익을 주고자 하는 의도와는 달리 무술 이름을 밝혀야 되는 마음의 불편함이 있었다. 처음에는 내가 창안한 무술 이름을 삭제했는데 그러다 보니 내용 흐름에 문제가 발생했고, 출처 문제도 모호하게 되어 이름을 명기하기로 했다. 독자 여러분의 양해를 구한다.

검은 띠(블랙벨트)는 무술에서 어느 정도 수준에 도달한 상징이다. 검은 띠는 어떤 단계에 도달했다는 말이 아니라 비로소 무술을 배울 준비가 되었다는 의미이다. 수련이 시작되었지만 아직 완성된 것은 아니라는 말이다. 마찬가지로 예수 그리스도로 말미암아 우리의 회복은 이미 시작되었다. 그렇지만 완전히 회복된 것은 아니다. 주님께서 영광 중에 다시 오실 때 하나님의 자녀들은 완전하게 회복될 것이다. 그러므로 온전히 회복될 그날까지, 이미 시작된 이 길을 성령과 함께 걸어가야만 한다.

집필을 거부했던 나를 설득한 오경복 부원장, 희생을 감수하며 지혜를 주고 위로해 준 아내에게 고맙다. 불평 없이 생활의 어려움을 견디어 준 세 딸 한슬, 혜나, 혜인 그리고 아내가 버틸 수 있도록 힘이 되어 준 처제에게도 고맙다. 내용에 대한 고민을 매번 기도와 말씀으로 확증해 준 곽수진 선생, 기도로 후원해 주신 부모님과 동생들, 지인들 그리고 '엘리에셀 기도 모임'과 'Coram Deo Stillness 모임'에 고맙다. 추천사를 써주신 김영동 교수님과 오성현 교수님, 사진을 찍어 준 김나영 사진작가도 고맙다. 부족한 글이 출간될 수 있도록 도운 홍성사 관계자분들께 감사를 드린다.

2018년 7월

차례

일러두기

○ 본문에 사용된 성경은 〈새번역〉입니다.

완전한 회복은 온다

시간은 과거에서 현재를 거쳐 미래로 흘러간다고들 말한다. 그 결과 우리는 과거가 현재에 절대적인 영향을 준다고 믿는다. 그런데 시간이 미래에서 현재를 거쳐 과거로 흘러간다고 믿는 이들도 있다. 즉 미래가 현재와 과거에 영향을 끼친다는 것이다. 미래의 시간이 현재와 과거에 영향을 준다는 예를 든다면 요셉의 이야기가 적절할 것 같다. 이집트에 노예로 팔려 간 요셉은 왕실 경호대장 집안의 모든 일을 관리하는 노예로 인정을 받았다가 누명을 쓰고 감옥에 갇히게 된다. 간수장의 눈에 든 요셉은 감옥 안에 일어나는 모든 일을 맡아 성실하게 일하고, 함께 감옥에 갇힌 왕의 신하들의 꿈을 해몽한 것이 계기가 되어 이집트 총리가 된다.

　　노예가 되고 투옥당한 사건은 요셉에게 비극이었다. 하지만 하나님께서는 과거에 일어났던 일들을 미래에 선하게 사용하셨다. 미래의 사건이 요셉의 과거에 영향을 주었음을 알 수 있다. 요셉이 총리로서 국가 경제를 다스릴 수 있었던 힘은 경호대장 집과 감옥에서 일했던 경험에서 나온다. 그렇다면 요셉의 과거에 있었던 비극은 총리가 되기 위한 준비 과정이었던 것이다. 미래가 과거의 의미를 바꾼 것이다.

미래가 현재와 과거에 영향을 준다는 것은 미래에 의거해 현재를 보는 관점이 달라지고, 그 의미가 재평가된다는 말이라고 생각한다. 그렇다면 확실한 미래는 현재와 과거에 반드시 영향을 준다는 말이 된다. 예를 들어 영화에서 주인공이 끔찍한 일을 당할 때 보는 사람이 조마조마해지거나 아픔을 느끼거나 심지어 울음이 터지기도 한다. 그런데 결말이 해피엔딩인 것을 안다면 예상치 못한 상황들이 펼쳐지더라도 마음의 동요가 크게 일어나지 않는다. 모든 과정이 이미 결정된 결말을 향해 가고 있기 때문이다. 결말을 아는 사람에게는 결말이 다가온다는 표현이 더 맞을 수도 있을 것이다. 순간순간 겪는 사건의 의미가 결말에 의해 정해질 수 있기 때문이다.

내 경우, 무술을 하는 사람으로서 허리와 무릎을 다친 것은 분명 나쁜 일이었다. 그런데 부상 전과 비교할 수 없을 정도로 무술의 세계가 깊어졌다. 몸을 다쳤기에 수련을 게을리하면 허리와 무릎을 잡아주는 근육이 약화되어 통증이 재발한다. 무술 수련 자체가 재활치료가 되기 때문이다. 몸이 안 좋기에 부담을 최대한 줄이면서 공격을 막아야 하므로 동선도 경제적으로 바뀌었다. 무술이 발전될 줄 알았더라면 그렇게 마음이 힘들지는 않았을 것이다. 부상을 당했을 당시에는 하나님께서 무술의 길을 막으시는 줄 알았다. 그런데 시간이 흐른 뒤에 보니 하나님께서 나를 직접 다루셨던 것을 알게 된 것이다.

부상을 당했을 당시에는 무술을 더 이상 할 수 없을 뿐 아니라 생계를 위해 일을 할 수도 없다는 것에 힘이 들었다. 하나님께서 내 삶을 돌보신다는 사실을 믿지 않았던 것이 문제였다. 하나님께서 선하신 길로 인도하신다는 것은 우리가 원하는 방향이 아니라 하나님께서 원하시는 방향으로 이끄신다는 뜻이다. 하나님께서 원하시는 길로 우리를 이끄신다는 사실을 믿는다면 어떠한 상황이 펼쳐지더라도 두려워할 필요가 없다.

하나님께서는 이미 결정된 마지막을 요한계시록을 통해 가르쳐 주셨다. 즉 우리는 확실한 결과를 가지고 있다. 운명론, 숙명론을 이야기하는 것은 아니다. 우리의 삶은 창세기와 요한계시록 사이에 있다. 그러나 하나님께서는 우리의 죄로 인해 망가진 모든 것이 완전하게 회복될 것을 약속하셨다. 주님께서도 십자가에서 선포하셨다. "다 이루었다"(요 19:30)라고. 그런데 아직 회복되지 않은 아픈 부분들이 있다. 그 아픔은 영원하지 않다. 이미 이루어진 완전한 회복이 현재를 향해 달려오고 있기 때문이다. 앞으로 완전한 회복이 있기에 현재의 고난도 유익이 되는 것이다. 지금 당장 회복될 가능성이 보이지 않아 절망에 빠져 있다고 하더라도 우리에게는 회복된 미래가 있기 때문에 절망이 절망이 아니라 완전한 회복을 구성하는 퍼즐로 해석할 수 있는 것이다. 성경은 마지막 결론을 보여 주고 있다.

그때에 나는 보좌에서 큰 음성이 울려 나오는 것을 들었습니다. 보아라, 하나님의 집이 사람들 가운데 있다. 하나님이 그들과 함께 계실 것이요, 그들은 하나님의 백성이 될 것이다. 하나님이 친히 그들과 함께 계시고, 그들의 눈에서 모든 눈물을 닦아 주실 것이니, 다시는 죽음이 없고, 슬픔도 울부짖음도 고통도 없을 것이다. 이전 것들이 다 사라져 버렸기 때문이다(계 21:3-4).

1부에는 마음을 파괴하는 것들과 마음의 회복을 돕는 것들을 동시에 담았다. 성경은 말세에 어려운 때가 온다고 경고하고 있다(딤후 3:1-5). 마음의 회복에 들어가기 전에 말세의 환부를 드러내어 직시하는 것이 필요하다고 판단하여 시작부터 불편한 것들을 언급하려고 한다. 매년 뚜렷해지고 있는 말세 현상을 외면한다고 해서 어려운 때가 사라지는 것이 아니다. 그럼에도 우리가 낙심하지 않는 이유는 공의의 하나님께서 우리를 돌보시기 때문이다. 내용 중 영의 회복과 일부 겹치는 부분은 그대로 두었다.

1

마음 회복

1장_ 디모데후서의 예언

자기 사랑

자기 사랑은 모든 것의 중심에 자기 자신을 둔다. 모든 것을 자기중심적으로 해석한다. '자기만 사랑하면 도덕적 부패가 초래되어 사회가 병든다.'[1] 자기 사랑은 바울이 언급한 나머지 것들(딤후 3:1-5)의 원인이 된다. 그러나 말씀을 곡해해 자신과 혈육을 돌보지 않는 것, 더 나아가 자신을 학대하는 것을 주님께서 기뻐하신다고 생각하면 안 된다. 자기 자신과 혈육을 미워하는 사람에게 이웃을 사랑하는 마음이 있을 수 없다. 혈육을 돌보지 않는 것은 악한 죄라고 성경은 경고하고 있다(딤전 5:8). 본문의 뜻은 하나님의 자리에 혈육과 자기 자신을 두지 말라는 말씀이다. 성경은 이웃을 네 몸과 같이 사랑하라고(막 12:31) 가르친다. 따라서 자기 자신도 사랑해야 한다. 그러나 자기 사랑은 이웃과의 관계 속에서, 하나님과의 관계 속에서 이루어져야 한다. 자기 자신을 모든 것의 중심에 두고 자기 자신만 사랑하게 되면 하나님과 이웃을 사랑하는 것은 불가능하다. 마음이 회복되려면 하나님과 이웃과의 관계 속에서 자기 자신과 혈육, 민족을 사랑해야 한다. 하나님의 사랑은 공동체적, 관계적 사랑이기 때문이다. 그래서 하나님 나라와 의를 무시하고, 다른 나라와의 공생을 외면한 이기적인 애국심도 성경적이라고 할 수 없는 것이다. 가룟 유다 역시 자기 민족을 위해 예수 그리스도를 이용하려다가 멸망한 경우라고 볼 수 있다.

돈을 사랑

자기 자신을 세상의 중심에 두고 사랑하게 되면 모든 것이 자신의 뜻대로 되기를 원하게 된다. 하나님의 뜻마저도 자신의 뜻에 맞아야 하기에 자신의 뜻대로 되지 않으면 하나님 앞에서도 분노하게 된다. 사람들이 갈수록 돈을 사랑하게 되는 주된 이유도 자신의 뜻을 이루기 위해 가장 필요한 것이 돈이기 때문이다. 돈은 상당히 많은 것을 가능하게 해주는 매력적인 도구다. 무엇보다 하나님은 자신의 통제 아래에 둘 수 없지만 돈은 자신의 통제 아래 둘 수 있기 때문에 사람들은 갈수록 돈을 사랑하게 되는 것이다. 특히 영적 지도자가 돈을 좇게 되면 그 목표가 무엇이었든 결과적으로 돈을 사랑할 수밖에 없다. 경건도 이익의 수단이 되어 버린다. 돈을 좇다가 믿음에서 떠나기도 하고, 많은 고통을 겪기도 한다(딤전 6:10). 결과적으로 하나님의 영광을 가리는 사건이 일어날 수밖에 없다.

자랑함

자랑, 교만, 비방. 이 세 가지는 항상 맞물려 돌아간다. 자랑은 비교에서 나오므로 다른 사람들에 대한 업신여김, 비방이 자연스럽게 뒤따른다. 가난한 사람들을 업신여기기도 하고, 반대로 가난함을 의롭게 생각해서 자신보다 더 부유한 자들을 업신여기기도 한다. 양쪽 다 물질을 가지고 자신을 높이며 즐기는 자들이다. 자랑의 도구는 물질만이 아니라 지식, 학문, 기술, 직장, 직책이 될 수도 있다. 바리새인들처럼 신앙마저도 자신을 드러내는 도구가 될 수 있다. 이로 인하여 종말이 다가와도 경건의 모양은 계속 유지되는 것이다.

하나님 모독

상대를 모독하는 방법은 다양하다. 상대의 인격을 무시하려는 목적으로 투명인간 취급하는 방법도 있고, 상대가 싫어하는 언행만 골라서 하는 방법도 있다. 그런데 하나님이 항상 우리와 함께하신다고 고백하면서 악한 일을 한다면, 하나님을 모독하는 것이다. 성추행이나 음란물 시청 등이 그러하다. 이러한 문제에 해당되지 않는다고 누구라도 장담할 수 없는 이유는 남을 비방하는 것도 하나님을 모독하는 일이기 때문이다. 둘 중 하나다. 하나님이 항상 옆에 계시다는 것을 믿지 않고 있거나, 대놓고 악한 일을 할 만큼 대담하다는 것이다. 만약 지인의 자녀가 범죄를 저질렀다고 하자. 그 지인의 마음은 무너져 내릴 것이다. 그런데 어떤 사람이 지인 앞에서 그 자녀를 비방한다면 지인의 마음은 어떻겠는가? 마찬가지로 하나님의 자녀 중에 실족한 사람이 있을 때 우리가 그를 비방한다면(잠 24:17-18) 듣고 계시는 하나님의 마음은 어떻겠는가? 그래서 성경은 사람을 비방하는 것도 하나님을 모독하는 것으로 간주하는 것이다. 하나님을 진심으로 경외하는 사람은 죄를 미워하되 사람을 함부로 판단하지 않는다(롬 14:4). 왜냐하면 판단은 하나님의 권한에 속하였고 우리가 경멸하고 있는 죄인을 위해 주님께서 보혈을 흘리셨기 때문이다.

부모 거역

부모에게 순종하라는 명령은 십계명에 포함된 계명이다. "하나님께서는 부모들에게 언약의 규정, 토라를 자녀들에게 가르쳐야 하는 책임을 주셨기 때문에 자녀들은 부모를 통해서 하나님 백성으로서 살아가야 하는 올바른 교육을 받는다."[2] 그리스도인이든 아니든 부모라면 자녀에게 길을 제시한다. 하나님께서는 부모에게 권위를 주셨다. 부모를 소중히 여기고 말씀에 순종해야 한다.

그런데 이 말이 상처가 되는 이들도 있다. 친부, 계부에게 성폭행을 당하는 자녀들을 비롯하여 도둑질을 하도록 부모에게 강요당하는 자녀들도 있기 때문이다. 믿기 힘들겠지만 사실이다. 이외에도 상상할 수 없는 일들을 겪고 있는 자녀들이 있다. 그래서 에베소서 6장 1절에 "자녀들아 주 안에서 너희 부모에게 순종하라 이것이 옳으니라"라는 말씀이 있는 것이다. "존 칼빈도 부모가 자녀에게 하나님 말씀과 어긋나는 일을 하도록 가르치고 명령한다면 그는 더 이상 부모가 아니라 낯선 사람이 된다고 하였다."[3] 참으로 마음 아픈 일이다. 물론 에베소서 6장 1절 말씀을 부모에게 함부로 해도 된다는 말씀으로 오용하면 안 된다. 일반적으로 부모는 자녀에게 바른길을 가르친다. 그런데 종말이 다가올수록 그 권위가 흔들린다. 자녀들이 부모가 제시하는 길을 거부하기 때문이다. 하나님께서 가정의 구심점으로 세운 부모에게 순종하지 않는다는 것은 곧 가정의 붕괴를 의미한다. 바울은 가정이 붕괴될 때 고통하는 때(딤후 3:1)가 찾아온다고 하였다.[4]

감사하지 않음

말세가 다가올수록 사람들의 마음이 강퍅(까다롭고 고집이 세짐)해지는데 이런 마음이 커질수록 감사하는 마음은 사라지게 된다. 감사하는 마음이 현재 없다면 마음이 매우 강퍅해져 있음을 알아야 한다. 우리는 감사할 것에 싸여 있음에도 그것을 당연시할 때가 많다. 우리는 주위 사람들에게 물질이든 친절이든 혜택이든 많은 것을 받고 있다. 모든 베풂 뒤에 계시는 하나님께 감사해야 한다.

불경스러움

불경은 거룩하지 아니함, 즉 하나님의 형상 닮기를 거부한다는 의미가 있다. 이는 하나님께서 우리에게 원하시는 삶, 성품 등을 거부한다는 뜻이다. 이러한 거부는 우선적으로 하나님의 통치, 하나님의 왕 되심을 인정하지 않는 것으로, 무엇보다 하나님을 미워하는 마음에서 비롯된다. 이러한 마음 상태가 이웃들에게 불경, 무례함으로 나타난다. 하나님을 사랑하면 하나님이 기뻐하시는 길을 따를 뿐 아니라 하나님을 경외하게 된다. 그리고 하나님에 대한 사랑이 깊어지면, 가족과 이웃에 대한 사랑으로 드러난다. 가족과 이웃을 사랑하면 그들의 인격을 함부로 대하지 않게 된다. 상대의 인격을 존중하면 반드시 언어와 행동으로 나타난다.

무정함

갈수록 사람들은 정이 없어지고 냉정해진다. '정'은 공동체를 결집시키는 풀과도 같기에 사람들이 갈수록 무정해진다면 공동체의 결속력이 약화된다고 볼 수 있다. 무정함은 가정의 결속력을 약화시킨다. 특히 하나님께서 세우신 첫 공동체인 부부 사이가 무정해진다는 것은 부부의 관계만 무너지는 것으로 끝나는 것이 아니다. 교회 공동체도, 나라 전체도 결국 가정이 모여 이루어진 공동체이다. 부부 사이에 정이 없음은 가정만의 문제가 아니라 교회의 문제이고, 더 나아가 나라 전체의 문제이다.

원한을 풀지 않음

쉽게 원한을 갖고, 풀지 않는 것(원통함을 풀지 아니하는 것)은 말세에 드러나는 특징 중 하나이다. 원한을 풀지 않는 것은 "타인의 실수나 약점을 수용하지 못하는 것이다. 그러한 사람들은 절대 양보하지 않고 누그러질 줄 모르며, 종종 그들 자신의 상처 때문에 극한 원한과 분노에 가득 차 있다. 그들은 기회가 있어도 용서하기를 완강히 거부한다. 결국 그들은 하나님께서 우리가 서로 용서하는 것을 원하시는 것을 알면서도 용서할 능력을 상실한다."[5] 원한과 분노는 밀접한 관계가 있다. 성경은 서로 용서하고 사랑하라고 말한다. 갈라디아서 5장 19-21절에 분노가 나오는데 분노가 우상숭배보다는 낫다는 말씀은 없다. 두 죄의 무게는 동일하다. 성경은 원한과 분노를 우리가 생각하는 것보다 심각하게 다룬다(딤전 2:8; 엡 4:31; 고후 12:20; 약 1:19-20). 원통함을 풀지 못하면 분노는 더욱 깊어진다. 원통한 일을 당하면 스스로 감당하는 것이 힘들다. 극복할 수 있는 방법은 주님께 나아가는 길 외에는 없다.

비방함

비방(모함)은 인신공격이다. 비방의 헬라어 '디아볼로이'는 '사탄'과 어근이 같다. 비방하고 모함하는 사람들은 거짓을 퍼뜨리는 데 빠르다. 거짓이란 사실을 과장시키는 것도 포함된다. 비방하는 사람들은 험담과 악의적 소문 퍼뜨리기를 즐긴다. 또한 다른 사람의 명예를 파괴하는 데서 사악한 기쁨을 맛본다.[6] 비방하는 모습 이면에는 두려움이 있다. 사람들의 관심을 끌려는 의도도 있지만 상대의 잘못을 들춰내어 자신의 죄를 덮어 버리거나 자기 의를 드러내기 위한 경우도 많다. 만약 어떤 사람의 잘못에 자신이 지나치게 과민반응을 보인다면 자신의 문제를 보여 달라는 간구가 필요하다.

남을 비방, 모함하면 무엇보다 자신의 마음이 상한다. 영·혼·몸이 총체적으로 피폐해진다. 습관적으로 남을 비방하거나 모함하는 사람은 비방, 모함을 중단해 보라. 쉬운 일은 아니다. 순교보다 어렵다고들 하지만 비방을 멈추면 확실히 삶이 달라진다. 시편 15편에 근거한 말씀이다. 비방(모함)을 중단하고 용서하고 인정하는 삶(눅 6:37-38), 이것은 십자가의 길이다.

절제 못함

"절제하지 못하는 사람들은 특히 행동, 감정, 말을 자제하지 못한다. 성경(NRSV)은 이 구절을 방탕아(profligates, 철저히 부도덕하지만 수치를 모르는 사람들)라고 번역하고 있다. 그들은 인격적으로 완전히 타락했다."[7] 절제가 없어지는 것은 하나님의 은혜로 채워질 부분을 인간의 노력으로 채우고자 하기 때문이다. 인간은 아무리 노력해도 하나님이 채우셔야 하는 공간을 채울 수 없다. 채워도 채워도 끝이 나지 않는다. 이때 절제할 수 없게 된다. 절제하지 못하는 이유는 탐욕 때문이기도 하지만 두려움 때문이기도 하다. 절제는 넘치기 전에 멈추는 것인데, 멈추지 못하는 것은 두려움 때문이다. 이 두려움은 죄에 뿌리를 두고 있다. 특히 자신을 높이고자 할 때, 자신이 우상이 될 때 절제를 잃게 된다.

잔인해짐

갈수록 난폭해지고 사나워지는 현상만 바라보기보다 왜 갈수록 사람들이 난폭해지고 사나워지는지 원인을 살펴야 한다. 수많은 영적 지도자들이 이 문제를 진단했지만 영혼의 측면에서 진단한 측면이 크다. 사회적 측면, 교육적 측면 등 다양한 각도도 필요하지만 이 책에서는 몸의 측면에서 살펴보고자 한다.

동남아시아에 있는 한 나라의 닭 사육에 대한 실체가 밝혀진 적이 있다. 양계장에서 닭을 살찌게 만들려고 좁은 장소에 넣어 운동을 못하게 만들 뿐만 아니라 많은 계란을 얻기 위해 인위적으로 조명을 조작하여 하루를 짧게 만든다. 결과적으로 닭은 하루가 지나기 전에 하루가 지난 줄 알게 된다. 그러면 닭은 인위적으로 조작된 시간에 따라 알을 낳게 되는데…… 문제는 이런 악순환이 반복되면서 닭은 엄청난 분노, 고통을 받게 된다. 닭은 그 분노를 표출하기 위해 옆에 있는 닭을 공격한다. 닭들은 부리로 서로를 쪼아 서로를 죽인다. 그러면 농부는 닭의 부리를 잘라 버린다. '닭이 폭력적으로 잔인하게 변한 것은 운동 부족과 수면 부족으로 야기된 극심한 스트레스에서 비롯된 것이다.[8]

개를 보아도 알 수 있다. 평소 순하던 개가 사람을 무는 일이 있다. 개를 묶어 놓고 움직이지 못하게 만들어 난폭해진 원인이 있다. 이웃에게 피해를 주면서까지 개를 풀어 놓으면 안 되지만 운동은 시켜야 한다. 특히 사냥개는 활동량이 많기 때문에 운동을 시키지 않으면 극심한 우울증에 걸린다. 사람을 개와 비교할 수는 없지만 사람 역시 수면과 운동이 부족해지면 거칠어질 수밖에 없다. 컴퓨터 앞에 앉아 있는 시간이 늘어날수록 운동 부족과 수면 부족, 과로 등으로 스트레스와 독소가 쌓이게 된다. 즉 언제든 폭발할 수 있는 상태가 된다는 말이다. 몸에서 비롯된 이런 문제를 영적인 문제로만 보고 내면 치유 또는 영성 치유로만 다루는 것이 현실이다. 영·혼·몸이 통합된 전인 치유가 필요하다.

선을 싫어함

악한 길에 들어선 사람들은 용서와 사랑을 외치는 사람을 좋아하지 않는다. 대표적인 예가 예수님과 스데반이다. 예수께서는 진리를 말씀하셨으나 사람들은 예수님을 십자가에 못 박았다. 스데반도 진리를 선포했으나 영적 지도자들과 공의회에 참석한 군중들은 격분하여 돌을 던졌다(행 7장). 성경은 "사람이 해야 할 선한 일이 무엇인지 알면서도 하지 않으면, 그것이 그에게 죄가 된다"(약 4:17)라고 선포한다. 가깝게는 아내에게, 자녀에게, 부모에게, 이웃에게 어떻게 해야 하는지 알고 있음에도 그렇게 하지 않는 것들이 많다. 성경은 이러한 것들이 죄가 된다고 가르치는 것이다.

배신함

예수께서는 자신을 배반할 자가 누구인지 아시면서도 끝까지 스승으로서, 친구로서 마음을 주셨다. 사랑은 상대를 끝까지 믿는 것이다. 흔히 하나님을 믿어야지 사람을 믿으면 안 된다고 하는데 이것은 말씀에 대한 오해에서 비롯되었다. 사람을 믿으면 안 된다는 말은 사람을 의지하지 말라는 뜻이다. 이웃을 믿어 주는 것은 사랑이다(고전 13:7). 가룟 유다는 처음부터 예수님을 스승으로 생각하지 않았고 자기의 유익을 위해 이용할 도구로 보았다. 그러니 이용 가치가 없어진 예수님은 당연히 함께할 이유가 없었다. 이처럼 사람을 이용 가치로 보면 배신은 당연하다. 인맥 중시 역시 사람을 성공의 도구로 보기 때문이다. 사람을 통해 자기 유익을 구축하는 것이다. 따라서 이용 가치가 없어지면 더 이상 만날 필요도 없어진다. 하나님마저도 자신의 유익을 위해 섬긴다면 언제든지 하나님을 배신하게 되는 것이다. 하나님 외의 존재가 자신이 바라는 어떤 것을 준다면 언제든지 하나님을 버릴 수 있다. 그래서 성공주의 신학, 번영 신학이 위험한 것이다.

무모함

무모한 사람들은 어리석고 부주의하며, 그 행동이 자신이나 다른 사람에게 미칠 결과에 무관심하다. 이 말에는 그렇게 하지 말라는 조언에도 불구하고 끝까지 자기 길을 고집하겠다는 결심이 내포되어 있다.[9] 어떤 조직이든 지도자가 조심해야 할 것은 완고함과 무모함이다. 완고하거나 무모한 지도자는 자신의 언행이 어떠한 영향을 끼칠지 생각하지 않고 행동한다. 하나님께서 맡겨 주신 사람들의 인격을 생각하지 않고 마치 부속품처럼 여기게 된다.

자만함

자만해지는 이유는 몇 가지 거짓 신념 때문이다. 죽음이 자신에게 당장 닥치지 않는다는 신념, 현재 가지고 있는 것들을 영원히 소유할 수 있다는 신념, 자신의 노력으로 모든 것을 다 이룰 수 있다는 신념 그리고 이러한 잘못된 신념들을 지지하는 왜곡된 긍정의 힘이다.

쾌락을 사랑함

'쾌락'은 그리스도인들에게 일반적으로 거부감을 일으킨다. 동물적 본능을 만족시키는 즐거움과 연관되기 때문이다. 본문에서 말하는 쾌락은 감각적인, 육적 본능을 추구하는 악한 쾌락을 말한다. 하나님께서는 우리의 감정이 어찌되든 자신만 기쁘면 된다고 여기는 분이 아니다. 하나님은 인간과 더불어 즐거워하길 원하신다. 참된 쾌락은 예수 그리스도를 영화롭게 해드리는 데서 생긴다. 우리의 창조 목적에 부합되기 때문이다. 그런데 사람은 말세에 이를수록 하나님께서 역겨워하시는 것들을 하나님보다 더 사랑하게 된다. 주님을 즐거워하고 기뻐하는 것이 우리에게 힘이 된다(느 8:10). 그런데 주님께서 싫어하시는 죄악을 주님보다 더 기뻐하니 결과적으로 이 세상에 고통이 더욱더 깊어지는 것이다.

경건의 능력 부인

경건하게 보이는 것은 사람들의 눈을 의식함이요, 경건의 능력을 부인하는 것은 경건의 모양만 있다는 사실을 감추기 위함이다. 경건도 보여지는 것으로, 기다림이 요구되는 훈련보다는 당장 보여지는 이벤트 형식의 훈련에 무게가 실리고 있는 것이 현실이다. '경건의 모양'이 교회 예배와 관계된 형식적이고 예전 중심적이며 종교 직업인의 모습과 깊은 관계가 있기 때문에 경건의 모양을 갖추기 위해 애쓰는 것이다.[10] 교회 지도자들 가운데 경건의 모양을 자신의 죄를 가리는 외투로 삼는 사람들이 있다.[11] 참된 경건은 모양으로 알 수 없고 능력으로 알 수 있기에 경건의 능력은 경건의 모양이 참인지 아닌지를 드러낸다. 경건의 모양만 갖춘 이들이 경건의 능력을 부인할 수밖에 없는 이유이다.

2장_마음 회복의 길

긍정의 회복

긍정이라는 말을 입에 올리기가 조심스럽다. '긍정'을 언급하면 성
공신학, 번영신학 지지자로 인식되기 때문이고 또 '긍정'이라는 말
이 가난한 자를 효과적으로 억압하는 데 악용되기 때문이다. '헌
신페이' 같은 말이 그것이다. 옳은 일을 위해 같이 희생하자고 하면
서 노동력을 착취하는 것이다. 불평을 하면 왜 부정적이냐며 긍정의
힘을 강조한다. 긍정을 왜곡시키는 것이다. '긍정'의 사전적 의미는
"어떤 생각이나 사실 따위를 그러하거나 옳다고 인정"하는 것이다.
'부정'의 사전적 의미는 "그렇지 않다고 단정하거나 옳지 않다고 반
대하는 것"이다. 그런데 일반적으로 긍정을 말할 때에는 사전적 의미
가 아니라 모든 것이 잘될 것이라는 확신의 힘을 말한다. 그렇다면
누구의 관점에서 확신하느냐가 문제이다. 사람의 관점이면 인본주의
적 긍정의 힘이다. 인본주의적 긍정에 대해 성경은 이렇게 책망한다.

백성이 상처를 입어 앓고 있을 때에, 그들(예언자와 제사장)은 '괜찮다! 괜찮다!' 하고 말하지만, 괜찮기는 어디가 괜찮으냐?(렘 8:11)

내가 이렇게 그들을 치는 까닭은, 그들이 내 백성을 잘못 인도하였기 때문이다. 무엇 하나 잘 되는 것이 없는데도 잘 되어 간다고 하여 백성을 속였기 때문이다. 내 백성이 담을 세우면, 그들은 그 위에 회칠이나 하는 자들이다(겔 13:10).

그들은 나 주의 말을 멸시하는 자들에게도 말하기를 '만사가 형통할 것이다. 주님의 말씀이다' 한다. 제 고집대로 살아가는 모든 사람에게도 '너희에게는 어떠한 재앙도 내리지 않을 것이다!' 하고 말한다(렘 23:17).

진정한 긍정의 힘은 모든 것이 하나님께서 뜻하시는 방향으로 결론지어진다는 확신에서 비롯된다. 우리가 고난 중에 있을지라도 이 확신은 강력한 힘이 될 수 있다. 나는 이러한 긍정의 힘을 믿는다.

낮아지는 삶

성부 하나님께서는 예수 그리스도를 통해 낮은 자의 삶을 보여 주셨다. 그리고 우리에게도 낮아질 것을 요구하신다. 그럼에도 높아지려는 죄성 때문에 이런 말씀은 부담으로 다가온다. 그러나 주님의 말씀인지라 낮아지는 삶을 살겠다고 "저는 부족합니다", "저는 별 볼일 없습니다", "저 같은 것이 어떻게…" 하며 자신의 부족함을, 모자람을 사람들에게 고백한다. 과연 낮아진다는 것이 무엇인가? 부족한 것이면 낮아지는 것인가? 부족해서 낮아진다면 그것이 채워질 때 교만해진다는 말 아닌가? 사울이 그런 예다.

> 사울이 대답하였다. 저는 이스라엘 지파들 가운데서도(비교) 가장 작은 베냐민 지파 사람이 아닙니까? 그리고 저의 가족은 베냐민 지파의 모든 가족 가운데서도(비교) 가장 보잘것없는데, 어찌 저에게 그런 말씀을 하십니까?(삼상 9:21)

사무엘상 9장 21절의 해석에 따라 사울은 원래 겸손했는데 왕이 돼서 교만해졌다고 생각할 수도 있다. 그러나 자세히 보면 사울은 낮아짐의 근거를 다른 사람과 비교 후 자신의 부족함에 두었다. 이것은 겸손이 아닌 열등감이다. 비교에 뿌리를 두는 낮아짐은 겸손해 보일 수 있지만 남들보다 더 가지게 될 때 상대를 업신여길 수도 있다.

왕이 된 사울은 다윗이 백성들에게 칭송을 듣는 것에 격노하였다. 비교에 의한 낮아짐은 이처럼 언제든지 분노로 표출될 수 있다. 나이가 많다고, 많이 배웠다고, 재능이 많다고, 가장(남편, 아버지)이라고, 조직의 지도자라고, 손님이라고, 가르치는 사람이라고 다른 사람을 함부로 대하는 것이 낮은 자의 삶일까? 낮아지기 위해서는 어떻게 해야 할까? 남을 높이면 자신은 저절로 낮아진다. 이웃을 높이는 길이 내가 낮아지는 길이다. 대통령이 국민을 소중히 여기면 낮은 자로 사는 것이다. 대기업 회장이 직원들을 소중히 여기면 낮은 자로 사는 것이다. 흔히 사회적 위치를 버리는 삶을 낮은 삶으로 생각하는 경우가 많다. 이런 논리라면 사회적으로 제일 낮은 위치에 있어서 더 이상 낮은 위치로 갈 수 없는 사람들은 낮은 자로 살 수가 없다. 상대를 존중하지 않는데 높은 위치에서 그 위치만 버리면, 여전히 우월감을 가지고 상대를 대하게 된다. 그 우월감은 교만으로 작용한다.

예수님께서는 하늘 보좌를 버리시고 낮은 자리로 오셨지만 1세기 당시 사람들 중 가장 미천한 모습으로 오신 것은 아니다. 예수님께서는 "나는 부족하다", "나는 모자란다"라고 말씀하신 적이 한 번도 없다. 대신 항상 성부 하나님을 높이셨고, 심지어는 남들에게 무시당하는 사람들까지 존중하셨다. 간음한 자, 창녀들, 세리는 1세기 당시 인격 따위가 존재하지 않았다. 그러나 예수님께서는 그들을 존중하셨다. 간음하다 붙잡혀 온 여자를 죽음에서 구해 주시고 "여자여"(귀나이)라고 부르셨다(요 8:10). '귀나이'는 문맥에 따라 '여자', '아내', '여인' 등으로 쓰이고, 왕후를 부를 때도 사용될 수 있는 단어다. 어머니인 마리아를 부를 때 사용하셨던 단어와 동일한 단어다 (요 2:4).

흔히 무시당하는 사람이라고 하면 약자를 생각하는데 1세기 당시 세리들은 약자가 아니었다. 우리로 따지자면 친일파와 비슷한 사람들이었다. 그러니 세리들이 동족들에게 무시를 당하는 것은 당연했다. 그러나 예수님께서는 그런 사람들과도 함께 식사를 하셨다. 식사를 같이한다는 것은 상대를 인정한다는 말이다. 존중한다는 뜻이다.

아무 일에든지 다툼이나 허영으로 하지 말고 오직 겸손한 마음으로 각각 자기보다 남을 낫게 여기고(빌 2:3)

낮아지려면 남을 높여야 한다. 낮은 자리에 앉는 이유도 다른 사람들을 높이기 위해서다. 진정으로 상대의 인격을 소중히 여기고 높이면 자신은 저절로 낮아진다. 이때의 낮아짐이 하나님께서 원하시는 낮아짐이다. 이러한 낮아짐은 이웃의 마음과 자신의 마음을 동시에 회복시키는 능력이 된다. 낮아져야 사랑이 가능하고 사랑하면 낮아지게 된다. 사랑 안에 존중이 담겨 있기 때문이다. 하나님을 경외하고 다른 사람들을 소중하게 여기는 삶이 진정 낮은 자의 삶이다 (벧전 2:17, 대하 7:14-15).

막히지 않은 부분에 집중

몇몇 일본 무술은 무릎을 꿇은 상태에서 수련하기도 한다. 이러한 수련법에 나는 부정적이었다. 첫째, 누가 실전에서 무릎을 꿇고 있는가? 일본 사람들이야 무릎을 꿇고 있다가 적에게 갑작스럽게 공격을 당할 수 있기에 필요했겠지만 요즘 시대에는 소용이 없다. 둘째, 수련 시간에 최대의 효과를 내려면 다리도 훈련을 시켜야지 다리를 못 움직이게 하면 얼마나 비효율적인가! 그러나 시간이 흐른 뒤 나의 무지를 깨달았다.

상대에게 붙잡히면 상대의 중심을 무너뜨린 뒤 관절을 꺾어야 한다. 그런데 이것이 초보자에게는 쉽지가 않다. 창피한 말이지만 내 경우 유단자가 되었을 때도 마찬가지였다. 힘센 상대를 만나면 기술이 무용지물이었다. 그때마다 역시 기술에는 힘이 있어야 한다고 결론을 내렸다. 그런데 고수들을 보면 근육도 별로 없고, 배도 나오고, 키도 작고, 몸무게도 가벼운데 자신보다 큰 상대를 마음대로 통제한다. 자신의 몸을 지렛대로 사용하기 때문이다. 자신을 공격하는 상대를 마음대로 통제하려면 몇 가지 중요한 점이 있는데, 그중 하나는 자신의 신체가 한 단위가 되어 서로 협력해야 한다는 것이다. 이것이 가능하려면 몸의 한 부분이라도 방해가 되면 안 된다. 기술이 먹히지 않는 이유는 상대의 힘이 강하기 때문이 아니라 자신의 신체 어느 부분이 방해를 하기 때문이다.

초보자가 기술을 사용할 때 잘못된 보법이 가장 방해가 된다. 이 때문에 아예 무릎을 꿇게 만들어 다리를 못 쓰게 만드는 것이다. 이것은 손동작을 완성시키기 위해서다. 손 기술이 어느 정도 잡히면 보법을 별도로 훈련시킨다. 그리고 이 둘을 합친다. 중국 무술도 마찬가지다. 일본 무술처럼 무릎을 꿇는 대신 기마세(말 탄 자세)로 다리를 사용하지 못하게 만든 후 손 기술을 가르친다.

무릎을 꿇거나 기마세로 하체를 못 쓰게 만든 다음 손 기술을 만드는 것처럼 하나님께서도 우리의 한 부분을 막아 버리실 때가 있다. 그런 상황은 고통스럽다. 그러나 하나님의 섭리로 그렇게 될 수도 있다는 사실을 받아들이는 것이 중요하다. 이때는 막힌 상황에 집중하지 말고 막히지 않은 부분에 집중해야 한다(영적 분별력이 필요하다). 움직일 수 없는 다리에 집중하기보다 손 기술에 집중해야 하듯, 삶의 한 부분이 막혔을 때 막힌 부분에 집중해 불평하거나 뚫고 나가겠다고 고집을 피우기보다 할 수 있는 부분(하나님의 뜻이 있는 부분)에 집중하면 막혔던 부분으로 인해 하나님께 감사를 드릴 때가 온다는 말이다. 하나님께서 계획적으로 막으신 것을 억지로 뚫으려고 하면 열매도 맺히지 않을 뿐만 아니라 마음도 상하고 주위 사람들도 힘들어진다.

자존감 회복

자존감이 낮은 사람은 가까운 사람들에게 고통을 준다. 전문가들이 강연과 책으로 제시하는 자존감 회복의 방법은 대부분 대동소이하다. 자기 자신에게 초점을 맞춘 후 긍정 마인드, 자기격려, 자기 사랑, 자신감, 너그러움 등을 통해 인도하는 것이다. 그러나 자존감 회복은 의외로 상대를 소중하게 여기는 것에서 시작되고 완성된다. 마치 왼쪽 다리를 삐었는데 오른쪽 다리에 침을 놓는 것과 같다. 상식적으로는 이해할 수 없는 치료이지만, 상대를 소중하게 여김으로써 자신의 자존감을 높이는 것이다.

　　예수께서는 구약의 모든 계명이 "네 이웃을 네 몸과 같이 사랑하라"는 말씀에 들어 있다고 했다. 이 말씀에 우리의 자존감을 회복시키는 힘도 있다. 자존감이 낮은 사람은 이웃을 소중하게 여기는 것이 어렵겠지만 자존감을 스스로 올리는 것보다는 쉬운 일이니 어찌하겠는가? 우선 다른 사람의 짐을 져야 한다(갈 6:2). 대가를 바라면 사랑이 아닌 협상이 된다. 모든 사람의 짐을 다 짊어질 필요는 없다. 자신이 감당할 수 있는 범위 내에서 지면 된다. 주님의 일은 많지 않거나 하나뿐인 것(눅 10:42)처럼 말이다. 자신이 감당할 수 있는 짐은 자기 몸에 맞는 짐이다.

　　세상에는 쉬운 일도 없고 힘든 일도 없다. 결국 자신에게 맞는 옷을 찾아야 한다. 남에게 보이기 위해 필요 이상의 짐을 지면 결국 지치게 된다. 게다가 다른 사람들이 인정을 해주지 않을 때 분노에 휩싸이게 된다. 자신이 감당할 수 있는 남의 짐을 찾아 꾸준하게, 신실하게 지면 되는 것이다. 다른 사람의 짐은 우리의 자존감을 발달시켜 회복에 이르게 만든다.

기쁨, 기도, 감사

마음이 망가진 사람은 일반적 특징이 있다. 첫째, 마음에 기쁨이 없다. 항상 우울하다. 단, 수은에 중독되었거나 뇌혈관이 막혀 우울증에 걸린 경우는 예외다. 둘째, 매사에 감사함이 없다. 신세 탓을 하고 절망적이다. 그렇다면 마음의 회복을 위해서 어떻게 해야 되는가? 성경에 답이 있다. 항상 기뻐하라, 쉬지 말고 기도하라, 범사에 감사하라(살전 5:16-19). 그런데 마음이 망가진 상태에서 이 세 가지를 행하기는 어렵다. 그래서 성령의 도움을 받아야 한다.

먼저, 변함없는 기쁨을 누리려면 기쁨의 뿌리를 주님에게 내려야 한다. 이 세상이 주는 기쁨은 순간적이다. 순간에 기쁨의 뿌리를 내리면 뿌리가 말라 죽게 된다. 그러나 영원히 변함없는 주님(히 13:13)께 뿌리를 내리면 그 기쁨은 영원하다. 주님께 기쁨의 뿌리를 내리려면 주님을 알아야 한다. 성경 말씀을 읽어야 가능하다. 성경 말씀을 일주일에 한 번 읽어서는 주님을 제대로 알 수가 없다. 하루 5분 큐티도 충분하지 않다. 성경을 들고 다니며 틈틈이 읽어야 한다. 이에 대해 내가 겪은 무술 이야기가 도움이 될 것 같다.

한번은 일본에서 극진공수를 수련한 분과 대화를 나눈 적이 있었다. 그는 정권지르기를 아냐고 뜬금없이 물었다. 순간 불쾌했다. 정권지르기는 태권도 입문 때 배우는 것이라고 생각했기 때문이다. 나는 정권지르기를 잘 안다고 자신 있게 답했다. 그러자 그는 또 다른 질문을 던졌다. 정권지르기로 황소를 즉사시킬 자신이 있냐고. 예상 밖의 질문이었다. 나는 못한다고 답했다. 그는 그렇다면 개 정도면 즉사시킬 수 있냐고 물었다. 나는 "개를 좋아하는데 왜 죽이냐"라고 되묻고는 "죽일 자신이 없다"라고 했다. 그러자 그는 "그렇다면 정권지르기를 안다고 할 수 없습니다"라고 잘라 말했다. 나는 그렇다면 어떻게 연습해야 하느냐고 되물었다. 그는 태권도를 그 정도 했으면 방법은 알 것이고 문제는 연습량이라고 하면서 하루에 얼마나 연습하느냐고 물었다. 잘 생각해 보니 정권지르기는 하루에 50번 정도도 안 했던 것이다. 그것도 어쩌다가 한 번이고, 그냥 발차기 위주로 연습한다고 했다. 그러자 그는 하루도 거르지 않고 2,000~3,000번 연습해야 한다고 했다. 시간도 오래 걸리지 않는다고 했다. 자기가 존경하는 오오야마 마스다츠(최배달) 선생은 하루도 빠짐없이 평생을 그렇게 연습하셨다고 했다. 정권지르기를 아무리 연구해도 실제 연습을 하지 않으면 알 수가 없다는 것이다. 그 후 나는 정권지르기를 매일 3,000번씩 반복했다. 시간도 많이 걸리지 않았다. 세 달쯤 되니 그전까지 느껴보지 못했던 힘이 팔에서 느껴지기 시작했다. 태권도를 나름 오랫동안 수련했는데 정권지르기 힘을 그때서야 알게 된 것이 허무했다.

그리고 호주에 와서 또 다른 사건을 겪었다. 보통 무술 사범들에게는 영웅담이 많은데 나는 영웅담 대신 망신당한 이야기가 많다. 호주에서 무술을 가르치기 시작한 후 초보자들이 아니라 무술을 많이 한 사람들이 도장을 찾아왔다. 그냥 찾아온 것이 아니라 상처를 한 아름 안기고 떠나고는 했다. 카포에라, 영춘권 등 별별 무술을 다 겪었다. 어느 날 ITF 태권도를 10년 정도 수련한 호주인이 관절 꺾기를 배우러 찾아왔다. 그때는 이미 다른 무술에 시달려 별 문제가 없다고 보았는데, 그의 몸은 완전히 쇳조각 같았다. 관절이 꺾이지 않았던 것이다. 지금은 문제가 없지만 당시에는 대책이 없었다. 그는 다른 수련생들 앞에서 내 체면을 세워 주려고 일부러 꺾여 주었다. 예전에 몇몇 나라 사람들은 다른 수련생들 앞에서 내 체면을 짓밟았는데 ITF 태권도를 한 호주 사람은 그렇게 하지 않았다. 본받을 부분이라고 본다. 추후에 나는 그에게 웨이트트레이닝을 했냐고 물었다. 그의 몸이 매우 단단했기 때문이다. 그런데 그는 전혀 한 적이 없다고 했다. 대신 10년 동안 하루도 빠짐없이 한 시간씩 태권도 품세를 전력을 다해 반복했다고 했다. 나는 승단 심사 때문에, 잊어버리지 않기 위해 품세를 연습했고 무엇보다 실전성이 없어 보였기 때문에 반복하지 않았다. 그러나 그는 품세를 열심히 반복하라는 스승의 말을 순수하게 받아들였고 끊임없이 반복했던 것이다. 나는 그 사람보다 태권도를 수련한 시간이나 무술 지식이 훨씬 많았다. 당시만 하더라도 계속 망신을 당했기 때문에 다양한 무술을 수련했다. 그러나 시간과 양이 중요한 것은 아니었다. 집중하지 않은 시간은 힘이 없다. 가장 중요한 것을 아는 것과 그것에 꾸준히 집중하는 것이 가장 중요했다.

성경 읽기도 무술 수련과 같았다. 태권도를 수련한 것처럼 교회도 오랫동안 다녔고 성경을 접한 지도 오래되었다. 그러나 나는 지금까지 태권도 품세를 대하듯 성경을 읽었다. 품세를 조금씩 계속했던 것처럼 성경도 매일 조금씩은 읽었다. 그런데 태권도 품세를 매일 반복한 그 호주인과 같은 힘이 내게 없었듯, 성경을 통해 기쁨을 누리지 못했던 것이다. 무술을 삶의 일부로 만드니 드디어 무술의 힘을 알게 되었다(내공은 참장수련 덕을 보았다). 성경 읽기도 기도와 병행해 가면서 틈틈이 계속 읽으니 주님에 대한 사랑도 뿌리를 내리기 시작했다. 성경 읽어도 뭐가 달라지겠느냐는 말은 태권도 품세를 반복한들 뭐가 달라지겠느냐는 말과 같은 것이다. 기도 시간을 가지면서, 쉽게 번역된 성경을 틈틈이 읽으면 주님과의 인격적 만남도 이루어진다. 인격적 교제는 우리에게 큰 기쁨을 안겨 준다.

둘째, 쉬지 말고 기도하라는 말씀에 의문을 가지는 사람들이 많은 것 같다. 어떻게 쉬지 않고 기도하는가? 그런데 이 말은 상식을 벗어난 말이 아니다. 나에게 무술을 언제부터 했느냐고 묻는다면 어릴 때부터 쉬지 않고 해왔다고 답할 것이다. 이 말은 다른 어떤 것도 하지 않고 무술만 했다는 말이 아니다. 꾸준히 했다는 뜻이지 밥도 안 먹고 무술만 했다는 말이 아니다. 마찬가지로 쉬지 말고 기도하라는 말씀은 기도를 포기하지 말고 중단 없이 계속하라는 뜻이다. 본문을 문자 그대로 이해하면 어려움이 생긴다.

셋째, 범사에 감사하라는 말은 분별없이 모든 것에 감사하라는 말이 아니다. 힘든 삶이 펼쳐질 때, 그 힘듦을 감사로 견뎌야 되는 경우도 있지만, 주님의 이름으로 대적할 경우도 있기 때문이다. 하나님께서 우리를 연단시키기 위해 사랑의 징계를 하시는 경우가 있다. 이것은 무조건 감사함으로 견뎌야 한다. 힘든 것들을 없애 달라고 기도하면 안 된다. 힘든 상황을 통해 하나님께서 말씀하시고자 하는 것을 깨닫게 해 달라고, 잘 견딜 수 있는 힘을 달라고 기도드려야 한다. 그러나 어떤 것은 하나님으로부터 온 것이 아니므로 예수 그리스도의 이름으로 대적해야 할 때가 있다.

폭풍이 몰아치는 가운데 예수님께서 배 고물에서 베개를 베고 주무신 사건이 있었다(막 4:35-41). 갈릴리 바다는 대체로 고요하지만 때로 무서운 풍랑이 일어나기도 한다. 제자들은 베테랑 어부였다. 그럼에도 예상하지 못한 풍랑이었다. 예수님께서는 폭풍을 꾸짖어 잠잠케 하셨다. 이때 예수님께서 모든 것은 하나님이 주신 것이니 감사함으로 견디라고 하지 않으셨다는 것을 잊어서는 안 된다.

악한 영에 사로잡혔던 사람이나 병든 자들에게도 주님은 감사함으로 받아들이라고 하지 않으셨다. 주님께서는 병을 고치셨다. 모든 질병이 하나님께서 주신 선물이라고 말하는 그리스도인도 있다. 그렇다면 그 병이 유지되도록 노력해야 할 것이다. 그런데 병원에 가는 등 병을 고치기 위해 최선을 다한다. 앞뒤가 맞지 않다. 바울의 경우처럼 질병을 안고 살아가는 것이 하나님의 뜻인 경우도 있다. 그럴 때는 감사함으로 살아가야 한다. 그러나 중요한 것은 성경에 나오는 한 예를 보편화시키면 안 된다는 것이다.

우리는 모든 상황에서 지혜를 달라는 기도를 드려야 한다. 견뎌야 될 부분은 감사함으로 견디고, 대적할 부분은 대적해야 한다. 그래서 먼저 지혜를 구해야 하는 것이다. 어떤 상황에 닥쳤을 때 하나님께 눈을 열어 달라는 기도를 드려야 한다. 주님의 뜻에 따라 기도드리고 그 결과는 주님의 뜻에 맡겨야 한다. 어떠한 결과가 주어지더라도 하나님께 감사드려야 한다. 흔히 우리는 우리 뜻대로 되지 않으면 분노한다. 이런 마음 자세로는 항상 감사하는 삶을 살 수가 없다. 감사하지 못하면 회복도 일어나지 않는다.

하나님의 방법 따르기

또다시 악마는 예수를 매우 높은 산으로 데리고 가서, 세상의 모든 나라와 그 영광을 보여 주고 말하였다. 네가 나에게 엎드려서 절을 하면, 이 모든 것을 네게 주겠다(마 4:10).

처음에는 이 말씀을 이해할 수 없었다. 어떤 사람을 유혹하려면 상대가 원하는 것으로 꾀어야 하는데, 세상 모든 나라와 영광은 예수 그리스도께서 원하시는 것이 아니라고 생각했기 때문이다. 하늘의 모든 것을 가지셨던 분이 땅의 것에 유혹이 되겠는가? 사탄이 잘못 짚어도 한참 잘못 짚었다고 생각했다. 그런데 성경은 예수님이 시험을 받으셨다고 기록한다. 시험이란 흔들릴 수 있는 것을 흔드는 것이다. 즉 사탄이 예수님을 흔들었다는 것이다(물론 예수님이 흔들리셨다는 말은 아니다). 그렇다면 사탄은 예수님이 세상에 흔들릴 분이 아니라는 것을 알면서도 왜 그랬는가? 예수께서 세상 것에 흔들리실 것이라고 생각했는가? 사탄은 유혹의 전문가다. 상대의 약점을 꿰뚫어 정확하게 유혹한다. 사탄은 예수님이 흔들리실 수 있다는 것을 알았다. 그 가능성은 무엇이었을까? 바로 인간을 위해서였다.

예수님은 인간을 구원하시기 위해 세상의 모든 것과 영광이 필요하셨다. 원래 세상은 하나님께서 아담에게 맡기신 것인데, 아담의 불순종으로 말미암아 사탄에게 빼앗기고 말았다. 그러나 세상 모든 것은 예수께서 십자가와 부활을 통해 하나님께 다시 받기로 약속된 것들이었다. 예수님 입장에서는 십자가를 거치지 않고 세상 모든 것을 받을 수 있는 유혹이었던 것이다. 그러나 예수님은 세상 방법을 사용하지 않으시고 하나님의 방법을 선택하셨다. 여기서 중요한 사실을 배울 수 있다. 선한 일이라 할지라도 하나님의 방법이 아닌 세상적인 방법이 동원된다면 악한 일로 귀결될 수밖에 없다는 것이다. 하나님께서 맡겨 주신 일임에도 세상 방법으로 빨리 이루려고 하지 않았는지 살펴보아야 한다. 하나님의 방법을 통해서만 선한 일은 이루어진다.

이 또한 지나가리라!

> 하루는 다윗 왕이 세공사에게 글귀가 새겨진 반지를 만들라고 명을 내렸다. 그 글귀는 삶에 고통이 올 때 견딜 수 있는 힘이 되어야 하고, 좋은 일이 생길 때에는 들뜨거나 교만하지 않도록 평정심을 줄 수 있어야 한다는 것이었다. 세공사는 고민을 하다 결국 왕의 아들인 솔로몬에게 찾아가 도움을 구하였고 솔로몬은 '이 또한 지나가리라!'라는 글귀를 써주었다.

위 이야기는 유대 경전인 미드라시에 나온다. 야고보는 고난 당하는 사람은 하나님께 기도드리고, 즐거운 사람은 찬송하라고 권면하였다(약 5:14). 어렵고 힘든 일을 당하면 그 순간이 영원히 계속될 것 같다. 자랑하고 싶은 일이 생겼을 때에는 그 일로 삶이 영원히 바뀔 것이라는 생각에 들뜨게 된다. 그러나 장마가 한때이듯, 어려운 일도 참으면 지나가고, 좋은 일도 불꽃놀이하듯 한순간 사라진다. 영원한 것은 하나님의 말씀뿐이다. 이 땅의 기쁨도 슬픔도 아픔도 모든 것이 끝날 때가 온다.

의로운 자의 길

우리는 스스로 의롭게 될 수 있는 존재가 아니다. 예수 그리스도를 믿는 믿음으로 의롭게 된다. 예수 그리스도를 통해 의롭게 된 우리는 모든 일에 의롭게 반응할 책임이 있다. 은혜로 왕의 자녀가 되었으면 왕의 자녀로 살아야 하는 책임이 뒤따른다는 말이다. 의로운 삶은 하나님께서 기뻐하시는 삶이다. 의로운 삶을 살지 못하는 이유는 우리의 약함과 아울러 의로움을 지극히 추상적으로 생각하기 때문이다. 어떤 이는 금욕을 의로운 삶으로 이해하기도 한다. 성경은 의로운 사람의 예를 가르쳐 주는데, 그중 한 명이 마리아의 남편 요셉이다. 요셉은 마리아와 약혼한 상태였다. 그런데 마리아가 임신을 했다는 것을 알게 된다. 당시 문화에서 마리아는 돌에 맞아 죽을 상황에 놓인 것이다.

성령으로 임신한 사실을 몰랐던 요셉은 마리아에게 배신감을 느꼈을 것이다. 증오심도 일었을 것이다. 대가를 치르게 해주고 싶었을 것이다. 요셉이 마리아의 혼전 임신을 폭로하면 두 가지를 얻을 수 있었다. 마리아에 대한 복수 그리고 자신의 의로움. 그런데 요셉은 마리아를 창피하게 만들고 싶지 않아서 조용히 덮고자 하였다. 배신감과 증오감에 휩싸였지만 그 문제를 덮어 주려고 했던 것이다. 모든 것을 다 내줄 정도로 행동하다가 하나가 뒤틀리면 그때까지 쌓아왔던 우정, 친절이 물거품 되는 경우가 얼마나 많은가! 그러나 요셉은 마리아의 허물을 덮어 주는 의로움을 보여 준다.

침묵하시는 하나님

어릴 때 가정폭력으로 고통을 받은 분과 대화 도중 치유를 바라는 마음에서 한 말이 오히려 그분에게 상처가 된 경우가 있었다. "주님께서 그 아픔 속에서 함께하셨고 함께 고통을 겪으셨습니다"라고 하자 그분은 "예수님께 더 큰 배신감을 느낍니다. 옆에서 구경만 하고 계신 것이 아닙니까? 저는 예수님이 고통받는 것을 원하지 않습니다. 제가 원하는 것은 그때 주님께서 막아 주시는 것입니다"라고 하셨다. 할 말이 없었다. 길을 가다 폭력배를 만났는데 무술 실력이 뛰어난 사람이 마침 보고 달려와서 같이 두들겨 맞아 준다고 하자. 이것이 위로가 될까?

　가정폭력 외에 이 땅에서 벌어지는 문제들 가운데 주님께서 함께하시는 것은 분명한데 때로 아무 일도 하지 않으시고 방관하신다는 느낌이 들 때면 낙심이 된다. 낙심하면 안 되는 줄 알면서도 그렇게 된다. 어떤 상황에서도 주님께 감사해야 한다고 머릿속에서는 동의하지만 마음이 받아들이지 않는다. 나는 이 문제를 가지고 하나님께 나아갔지만 속 시원한 해답은 없었다. 욥이 겪은 사건처럼 상상할 수 없는 신비로 받아들이기로 했다. 주님에 대한 섭섭함은 한쪽 구석에 밀어 놓고……. 그러던 어느날 하나님께서 무술을 통해 깨달음을 주셨다. 이 깨달음이 모든 고통의 답이 될 수는 없다. 고난, 고통은 신비의 영역이기 때문이다. 그러나 주님의 마음을 조금이나마 알게 되어 나누고자 한다.

　신체 각 부분이 생각을 할 수 있다고 가정하자. 그런데 시간만 되면 몸의 주인이 팔을 시켜 정강이를 때린다고 가정해 보자. 시간만 되면 막대기로 괴롭히고, 때로는 유리병으로 괴롭히는데 정강이 입장에서는 얼마나 괴롭겠는가. 도저히 이해할 수 없는 일이다. 몸의 주인이 왜 이런 고통을 허락하는지 이해할 수 없다. 정강이 입장에서는 주인에게 잘못한 것이 없다. 그런데 상황을 보면 완전히 저주받았다는 생각이 들 것이다. 정강이는 자신의 뼈가 부서져야 주인의 핍박이 멈출 것이라고 생각할 것이다.

> 당신들은 사람이 자기 자녀를 훈련시키듯이, 주 당신들의 하나님도 당신들을 훈련시킨다는 것을 마음속에 새겨 두십시오(신8:5).

킥복싱 기술 중에 '태타드'가 있다. 일명 쓸어차기다. 킥복싱 경기를 보면 대부분 이 기술로 경기를 풀어 간다. 태권도처럼 멋있는 발차기도 아니다. 정강이 부분으로 상대의 허벅지 바깥 부분을 차는 것이다. 휘둘러 찬다는 표현이 적합한 것 같다. 보는 사람들은 위력을 알지 못하지만, 맞아 보면 보통 사람들은 못 견딘다. 한 방 맞으면 극심한 고통과 더불어 다리에 힘이 쭉 빠지면서 주저앉게 된다. 풍시혈(차렷 자세에서 가운뎃손가락 끝이 닿는 곳)에 정확하게 맞으면 한동안 일어나지도 못한다.

정강이는 신비한 부위이다. 살짝 부딪히기만 해도 통증이 큰데 단련해 놓으면 쇠파이프처럼 강해진다. 킥복싱 선수 중 특히 무에타이(킥복싱 원조) 선수들은 태타드 기술로 바나나 나무를 두세 번 차서 부러뜨려 버린다. 극진공수를 하는 사람들은 야구 방망이를 정강이로 부러뜨린다. 택견을 하는 분 중에서 굵은 대나무를 정강이로 잘라 버리는 사람도 있고, 목검을 차서 부러뜨리는 사람도 있다. 이런 사람에게 복부를 맞으면 갈비뼈도 부러지고 내장파열도 일어난다. 이런 경우는 피하거나 상대와 똑같이 단련된 정강이로 막을 수밖에 없다. 바나나 나무를 살살 차면서 정강이를 단련시키기도 하는데 이런 방법은 태국에서 가능하고 주로 복숭아뼈 위 5센티미터 부위부터 무릎뼈 5센티미터 아래 부분까지 반죽용 밀대를 넓적한 뼈 위에 굴리는 방법과 유리병으로 살살 두드려 주는 방법을 병행한다. 단련을 중단하면 예전 상태로 돌아가기 때문에 지속해야 한다.

이제 앞에서 보았던 정강이의 의문이 풀릴 것이다. 몸의 주인이 정강이를 미워해서 때린 것이 아니다. 강하게 만들기 위해서 정강이가 고통을 받도록 허락한 것이다. 물론 당하는 순간은 엄청나게 아플 것이다. 그러나 고통 자체가 목적이 아니다. 목적은 강해짐에 있다. 정강이는 귀한 임무를 수행해 내기 위해 고통을 당한 것이었다. 즉 상대의 공격에서 몸을 보호하기 위해서다. 정강이를 단련하기 위해 명령을 내린 뇌의 마음은 어떠하겠으며 정강이처럼 신체 일부인 팔의 마음은 어떻겠는가? 이처럼 우리가 알 수 없는, 하나님께서 허락하신 고통이 있다. 쉽게 말할 수 없지만 이러한 고통은 견디는 수밖에 없다. 처음에는 정강이에 멍이 들지만 견디는 과정에서 회복이 일어나는 것처럼, 하나님께서 허락하신 고통은 감사함으로 견디는 방법밖에 없다. 견디는 힘은 하나님에 대한 신뢰에서 나오고 성령의 도우심으로 가능하다. 그 신뢰는 평소 하나님과의 관계에서 나온다.

하나님을 사랑하는 사람들, 곧 하나님의 뜻대로 부르심을 받은 사람들에게는, 모든 일이 서로 협력해서 선을 이룬다는 것을 우리는 압니다(롬8:27).[12]

마음의 고요함

그리스도인들에게 마음의 고요함을 이야기하면 불교, 뉴에이지를 떠올리는 사람들이 많다. 그런데 마음의 평강, 고요함은 하나님께서 원하시는 것이다. 하나님께서는 마음을 고요하게, 평온하게 만드는 방법을 성경을 통해 알려 주셨다. 특히 시편 131편이 그렇다. 마음의 고요함, 평온함은 주님을 의지하면서 교만한 마음을 버리고 오만한 길에서 돌아설 때 얻을 수 있다는 것이다. 그렇다면 교만한 마음과 오만한 길은 무엇일까? 시편 131편에 구체적으로 기록되어 있다. "너무 큰 것을 가지려고 나서지 않으며, 분에 넘치는 놀라운 일을 이루려고도 하지 않는 것이다." 이 말을 '목표를 가지면 안 된다. 어떤 일을 이루기 위해 노력할 필요도 없고 그냥 맘 편하게 다 포기하면 된다'는 말로 곡해하면 안 된다.

음악가가 음악이 좋아서, 음악의 아름다움을 나누기 위해서 최선을 다할 때 한 분야에서 결과적으로 최고가 될 수 있다. 그런 사람은 마음에 평강이 있다. 남에게 자랑하기 위해, 과시하기 위해 달려간다면 일인자가 된다고 하더라도 평강이 없고, 영혼도 피폐해진다. 오만한 길에 들어섰는지 알려면 주님 앞에 머물러 있는 시간이 확보되어야 한다. 자신의 마음이 어떠한지 성령의 도우심을 받지 않고는 알 수 없기 때문이다. 자신도 자신을 속일 수 있다는 말이다. 지금 열심히 하고 있는 일이 마음의 고요함과 평온함으로 싸여 있지 않다면 오만한 길에 들어섰다고 볼 수도 있는 것이다.

회개의 능력

끝까지 온전하게 쓰임 받으리라 생각했던 일꾼들이 그렇지 않음을 보게 되는 일이 잦다. 성경을 보면 끝까지 온전하게 쓰임 받았던 이들이 있다. 대표적으로 베드로와 바울이 그렇다. 바울의 경우는 사탄의 가시(고후 12:7)라는 안전장치가 있던 것이 이유가 되겠지만, 무엇보다 큰 이유는 회개의 능력일 것이다. 회개에서 비롯된 능력이 강력한 힘이 된 것이다.

베드로는 자신을 사랑하고 믿어 주셨던 예수님을 배반하였다. 한 번이 아니라 세 번을 부인했고, 저주까지 하였다(막 14:71). 교회사를 보더라도 핍박에 못 이겨 예수를 부인한 사람들은 있어도 세 번씩이나 부인하고 저주까지 한 사람은 찾기 힘들다. 바울은 또 어떠한가? 바울 스스로가 고백하였다. "내가 전에는 훼방자요 박해자요 폭행자였습니다. 그러나 그러한 행동은 내가 믿지 않을 때에 알지 못하고 한 것이므로, 하나님께서 나에게 자비를 베풀어 주셨습니다"(딤전 1:12). 바울도 주님을 부인했던 정도가 아니라 주님을 사랑하는 자들을 찾아다니며 박해했던 사람이었다. 아예 교회를 멸절시키려고 했던 사람이었다. 그런데 둘의 공통점은 회개했다는 점에 있다. 회개는 죄로부터 완전히 방향을 틀었다는 점에서 후회와 다르다. 후회는 죄책감에 사로잡혀 있지만, 회개는 죄에 대한 기억은 있으되 죄책감에서 해방되어 자유를 누린다.

베드로가 예수님을 부인하고 저주하였음에도 오히려 복음의 능력이 되었던 것은 진심으로 회개하였기 때문이다. 바울도 마찬가지다. 자신을 죄인의 괴수, 빚진 자(롬 8:12)라고 고백했던 사실을 통해서도 알 수 있듯이 바울은 예전에 행했던 끔찍한 죄악을 회개한 동시에 하나님의 용서, 사랑을 '사랑의 빚'으로 받아들였던 것이다.

부러진 뼈가 아물어 더 단단해지듯, 회개를 통해 죄의 자리에 주님의 십자가가 섬으로 더 강해진다. 회개하지 않으면 약한 그 부분으로 말미암아 계속 넘어질 수밖에 없다. 성적 문제로 넘어져 후회하기만 하는 사람은 같은 문제로 반복해서 넘어질 수밖에 없다. 이것이 후회의 한계다. 그러나 성적인 죄라 할지라도 회개를 통해 더욱 단단해질 수 있다. 후회는 멸망으로 우리를 이끌지만, 회개는 우리를 성공으로 이끈다. 예전에는 회개가 능력이 될 수 있다는 사실을 몰랐다. 참으로 오묘하다. 죄악은 분명 악한 것인데, 회개하면 하나님께서 능력으로 바꾸어 주시니 말이다.

고난의 범위

고난의 범위를 축소시켜 이해하는 사람들이 많다. 먼저 육체적 질병의 경우, 분명 고난에 포함되기는 하지만 질병 그 자체로 고난을 한정시켜서는 안 된다. 그런 논리라면 건강한 그리스도인은 고난이 없다는 말이 된다. 가난을 고난으로 생각하는 사람도 있다. 가난 역시고난에 포함되기는 하지만 가난 그 자체로 한정시킨다면 각자가 세운 기준보다 부유한 그리스도인은 고난이 없다는 결론에 이르게 된다. 고난을 종교적 탄압으로만 생각하는 이들도 있다. 그렇다면 종교적 자유를 보장받는 국가에는 고난이 없다는 말이 된다. 그런데 성경은 그리스도인에게 고난이 많다고 기록한다(시 34:19). 도대체 고난은 무엇인가? 인생 자체가 힘들다는 의미인가? 그렇다면 비그리스도인이라고 해서 삶이 힘들지 않은가? 다른 종교를 믿는다 해서 삶이 더 쉬워지지 않는다. 인생 자체가 힘든 법이다. 그러면 그리스도인이 받는 고난은 무엇인가? 바로 하나님의 말씀에 대한 믿음의 흔들림이다.

육체적 고통만 고난이라고 여긴다면 예수께서 십자가를 지신 것만 고난이다. 그러나 하나님의 말씀에 대한 믿음의 흔들림이라고 본다면 예수님의 모든 삶이 고난이었음을 알게 된다. 예수님의 믿음이 흔들렸다는 것이 아니라, 세상이 예수님의 믿음을 흔들었다는 것이다. 그러나 주님은 끝까지 흔들리지 않으셨다. 예수께서 인간이 되신 것 자체부터 고난의 시작이었다. 하나님의 아들이 인간이 되셨다는 것은, 모든 것을 버리고 온 것이다. 조금도 안 남겨 두고 완전히 버리셨기에 다시 아버지 곁으로 되돌아갈 수 있을지 의심이 생길 수도 있었을 것이다.

예수님은 제자들에게 십자가 죽음 이후에 부활하시고 하나님 우편에 계실 것을 말씀하셨다. 아버지 하나님에 대한 예수님의 믿음, 신뢰였다. 현실은 그렇게 되지 않게끔 돌아갔지만 예수님은 아버지 하나님의 약속을 붙잡으셨다. 그 증거는 예수님께서 제자들에게 계속적으로 말씀하셨던 믿음이다. 예수님은 그 약속을 끝까지 붙잡고 십자가에서 모든 것을 버리셨다. 육체적 측면만 본다면 예수님께서 십자가를 지시기 전에는 고난이 없었다고 할 수도 있지만 믿음의 관점에서 보면 예수님의 삶 전체가 고난이었다. 아담은 마귀의 시험에 믿음이 흔들려 쓰러졌지만 예수께서는 우리를 대신해서 믿음을 지키신 것이다. 믿음이 흔들리는 것을 고난이라고 보면, 육체적 고통, 가난, 종교 탄압 등 모든 것이 포함된다.

분명 약속을 따라 기도했음에도 하나님께서 침묵으로 답하시고, 상황은 바뀌지 않을 때가 있다. 이때가 바로 고난의 시기이다. 이런 상황에서 흔들리지 않고 끝까지 믿음을 지키는 것이 고난을 극복하는 비결이기도 하다. 주님께서는 이것을 가르치시기 위해 베드로를 물 위로 걷게 하셨던 것이다. 베드로는 예수님을 보았을 때 물에 빠지지 않았으나 파도를 보았을 때 물에 빠졌다. 그때 파도는 믿음을 흔드는 고난이 되는 것이다. 우리는 말씀에 뿌리를 두고 기도를 드린다. 하나님의 약속이 즉시 이루어지지 않는 것을 알 때 우리의 믿음은 흔들린다. 이때 믿음이 흔들리는 고난을 극복하면 주님을 향한 믿음의 뿌리는 더욱 견고해지는 것이다. 주님을 향한 믿음의 뿌리가 견고해질수록 회복의 뿌리도 견고해진다.

종의 자세

집안일을 남자 일, 여자 일로 구분하는 사람들이 있다. 그런데 집안일은 무 자르듯 정확하게 구분되지 않는 경우가 대부분이다. 그렇기 때문에 배우자에게 섭섭함을 느끼기도 하고 불만을 토로하기도 한다. 그런데 모든 일이 자기 일이라고 생각하면 어떨까. 자신을 종으로 생각하는 것이다. 주님의 종으로 살겠다고 말로만 하지 말고 집안에서부터 모든 일이 다 자신의 일이라고 생각해 보자. 약한 자를 섬기라는 말씀을 물질적으로 가난한 자들에게 국한시켜서는 안 된다. 정말 약한 자는 함부로 대할 수 있는 자를 말한다. 우리 기준으로 보면 주위에 약한 자들이 많다. 그들에게 함부로 했다가 법적 처벌을 받을 수 있다. 그러나 가족은 함부로 해도 심한 경우가 아니라면 법적 처벌을 받지 않는다. 많은 아내들과 자녀들이 언어적, 물리적 폭행을 당하지만 대체로 묵인된다는 사실이 이를 증명한다. 예수님의 제자가 되려면 함부로 대하기 쉬운 가족부터 섬기는 훈련이 필요하다.

내 경우, 빨래와 밥 짓기 등 집안일을 다 내가 할 일이라고 생각한 후에야 내가 누리는 모든 것이 당연한 것이 아님을 알게 되었다. 제일 함부로 대하기 쉬운 아내와 자녀까지 섬겨야 밖에서도 힘없는 사람들을 존중할 수 있기 때문이다. 아무튼 생각을 바꾼 후로 아내가 밥을 해주면 고마운 마음이 든다. 원래 내 일인데 아내가 대신해 주었기 때문이다. 아이들이 물 한 잔을 가져다줄 때도 내가 해야 할 일인데 가져다주니 참 고맙다.

이런 감사는 더 확장될 수 있다. 식당에서도 내가 음식을 가져와야 된다고 생각하면 서빙하는 분이 음식을 가져다줄 때 고마운 마음이 든다. '아니! 내가 낸 돈에 서비스까지 들어가 있는데, 정당한 것 아니냐!'라는 생각이 드는가? 그렇게 생각하기 때문에 소위 갑질을 할 수 있는 것이다. 우리는 서로 섬겨야 한다. 가장 바람직한 것은 서로 자신을 종으로 여기는 마음이다. 단 질서 안에서 서로 섬겨야 한다. 장군이 이등병 심부름을 하는 것이 종의 자세가 아니라 이등병의 인격을 소중히 여기고 그의 삶을 소중히 여기는 것이 장군에게 필요한 종의 자세다. 자신이 함부로 대할 수 있는 사람을 섬긴다는 것은 쉬운 일이 아니다. 예수님께서 누구의 발을 씻어 주셨는지 생각해 보아야 한다.

환경 속에 흐르는 은혜

한번은 이런 말을 들은 적이 있다. "여러분! 우리가 생각하고 있는 형통과 성경이 기록하고 있는 형통은 다릅니다. 하나님께서 요셉을 형통케 하셨지만, 노예로 팔려 갔었고, 감옥에도 들어갔습니다. 하나님께서 주시는 형통은 고난입니다." 기복주의 신앙에 대한 반발이라고 이해할 수는 있지만 성경은 그렇게 기록하고 있지 않다. 요셉이 노예로 팔려 갔지만(환경), 하나님께서 요셉과 함께 계셔서 앞길이 잘 열리도록 그를 돌보셨다(은혜). 보디발의 눈에 들어 심복이 되고, 주인의 집안일과 재산을 맡아 관리하게 되었다(은혜). 억울하게 감옥에 갇혔지만(환경), 주님께서 요셉과 함께 계시면서 돌보아 주시고, 요셉을 한결같이 사랑하셔서 간수들의 눈에 들게 하셔서 감옥 안에서 일어나는 온갖 일을 요셉이 처리하게 되었다. 간수장은 요셉에게 모든 것을 맡기고 아무것도 간섭하지 않았다(은혜). 성경은 요셉이 그렇게 된 것이—노예나 죄수가 되었다는 것이 아니라—주님이 함께 계셨기 때문이며, 주님께서 요셉을 돌보셔서 그가 하는 일은 무엇이나 잘 되게 해주셨기 때문이라고 분명하게 밝힌다(창 39:21-23).

힘든 환경 가운데서는 감사하는 것이 쉽지 않다. 환경만 보면 마음의 회복이 어렵다. 그러나 환경 안으로 눈을 돌리면 하나님의 은혜를 보게 된다. 피곤에 지쳐 자고 있는 사람이 있다고 하자. 마치 죽은 사람처럼 잠에 빠져 있다. 그런데 그 사람의 몸 안에서는 많은 일이 일어난다. 심장은 쉴 새 없이 뛰고 있고, 간도 해독 작용을 하며, 혈액도 힘차게 돌고, 몸은 피로를 제거하는 일들을 열심히 한다. 뇌에 작용해 알츠하이머를 유발시킨다는 노폐물도 제거되고 있을 것이다. 자고 있는 사람의 몸을 보면 피곤에 지쳐 쓰러진 모습만 보이겠지만(환경), 몸 안에서는 지친 몸을 회복시키고자 엄청난 일들이 일어나는 것이다(은혜).

우리의 삶이 어려운 환경에 놓일 때가 있지만, 환경을 보며 불평하는 것은 올바른 태도가 아니다. 그렇다고 맹목적으로 감사하는 것도 올바른 태도가 아니다. 하박국의 고백(합 3:17-19)도 하나님의 응답(합 2장)을 들은 다음에 나왔다는 것을 간과해서는 안 된다. 우리는 환경 자체가 아닌 환경 안에서 일어나는 일들을 바라볼 때 은혜에 감사할 수 있다. 일이 잘 풀리지 않고 사방으로 욱여쌈을 당해 짓눌릴 때도 하나님의 손길을 볼 수 있다. 매일 먹는 밥, 자녀의 미소, 낯선 사람의 친절, 목마를 때 마시는 물, 경비 아저씨의 따뜻한 인사……. 이 모든 것은 환경 안으로 눈을 돌렸을 때 볼 수 있는 것들이다. 하나님의 은혜로 이것이 주어진다는 사실을 깨달으면 하나님의 돌보심을 풍성하게 알게 된다.

하나님께 감사

감사하는 마음으로 제물을 바치는 사람이 나에게 영광을 돌리는 사람이니, 올바른 길을 걷는 사람에게, 내가 나의 구원을 보여 주겠다(시 50:23).

감사하는 연습을 하면 불평하는 습관이 사라지고, 감사한 마음으로 향하는 관점이 형성된다. 감사한 마음을 가지면, 보이지 않던 (이미 존재하고 있던) 감사한 일들이 눈에 보이게 된다. 감사하게 되면 행복해질 수밖에 없다. 어느 날 하나님께서는 진실로 하나님께 감사드릴 수밖에 없는 현실을 깨닫게 해주셨다. 예전에 어느 목사님께 들었던 이야기가 기억이 났다.

> 한 사람이 길을 가다가 돌부리에 걸려 넘어질 뻔했다. 그는 곧 "휴~ 넘어져 다칠 뻔했는데 다행이다. 하나님께 감사하다"라고 말하며 계속 길을 갔다. 또 다른 한 사람은 걷다가 그 돌부리에 걸려 넘어져서 조금 다쳤다. 그는 "심하게 다칠 뻔했는데 조금밖에 안 다쳐서 다행이다. 하나님께 감사하다"라고 말하며 일어서서 다시 길을 계속 갔다. 또 다른 한 사람은 그 길에 돌부리가 있는지 없는지도 모르고 그냥 지나갔다.

이 이야기에서 정말 감사해야 될 사람은 마지막 사람인데 그는 감사드리지 않았다. 왜냐하면 아무 일도 일어나지 않았기 때문이다. 감사드려야 할 이유가 없었기 때문이다. 오래전에 이 이야기를 들었을 때에는 '아, 그렇구나' 했는데 이것을 구체적으로 깨닫는 일이 있었다.

나는 평소에 식료품을 사러 호주의 대형 마트에 간다. 걸어서 왕복 40분 거리다. 만약에 그 길에 나에게 앙심을 품은 테러범들이 잠복해 있다고 하자. 이게 실제라면 나는 살아서 집으로 오지 못할 것이다. 만약 살아서 돌아온다면 기적이다. 그런데 그런 기적이 매일 일어나고 있음을 깨달았다. 실제로 우리를 멸망시키려는 존재가 있다. 테러범은 비교도 안 될 만큼 강력한, 공중 권세를 잡은 사탄이다 (엡 2:2). 테러범은 피곤하면 졸거나 잠을 자지만 사탄은 졸지도 않고,

잠도 자지 않는다. 사탄을 피해서 도망갈 곳은 세상에 없다. 공간에 지배를 받지 않는 영적인 존재이기 때문이다. 사탄은 우리의 삶을 훔치고 죽이고 파괴시키기 위해(요 10:10) 몸부림을 치고 있다. 우는 사자와 같이 두루 다니며 집어 삼킬 자를 찾아다니고 있다(벧전 5:8). 우리가 누리는 모든 것이 당연한 것이 아니다.

이것을 알게 된 뒤 시편 128편이 이해되었다. 다윗은 주님을 경외하며 주님의 명에 따라 사는 사람은 누구나 복(은혜)을 받게 되는데, 손으로 일한 만큼 먹는 것, 열매를 많이 맺는 포도나무와 같은 아내가 있는 것, 상에 둘러앉은 올리브 나무 묘목과도 같은 자녀들이 복이라는 것이다(아내와 자녀가 없으면 복이 없다는 말이 아니라 주 안에서 하나 된 공동체의 기본으로 가정을 예로 든 것이다). 이런 것들은 당연한 것 아니냐고 그냥 넘길 수 있다. 그러나 우리가 누리는 모든 것이 당연한 것이 아니라 하나님께서 주신 은혜, 복이다. 이 사실을 깨닫는 것이 감사의 시작이다. 그 시작은 우리의 회복에 매우 중요하다.

힘 빼기

지인 중에 검도를 가르치는 분이 계신다. 이분에게는 고수라는 칭호가 적합하다고 본다. 고희를 넘겼음에도 여전히 그의 죽도는 누구를 상대하든 자유롭게 춤춘다. 이분의 교수법은 단순하다. 처음 시작하는 사람이나 오래 배운 사람이나 모두 정면 내려베기를 1,000회 시킨다. 힘이 있으면 검도를 배우지 못한다는 것이 그의 지론이다. 힘이 빠져야 그때부터 진짜 수련이 시작된다는 것이다. 일리 있는 말씀이다. 사실 팔 힘을 완전히 빼야 몸의 힘을 사용하는 법을 깨닫게 된다. 즉 팔을 쓰지 못하게 하면 비로소 몸 쓰는 법을 배우게 된다. 그분께 사람들이 힘을 빼지 못하는 이유가 무엇인지 여쭤 보았다. 그분은 기다렸다는 듯이 답을 주셨다. '자기고집' 때문이라는 것이다. 자기고집을 버리지 못하면 평생 검도의 진의를 알지 못한다는 것이다. 예전에 태극권 고수 중 한 분도 비슷한 말을 남겼다. 자신이 믿고 있는 마지막 힘까지 포기하면 그 순간 자연의 힘이 자신의 몸으로 들어온다고……

그 마지막 힘, 고집은 도대체 무엇일까? 자기생각, 주장, 확신이 아닐까? 이렇게 생각이 꼬리에 꼬리를 물다가 불현듯 깨달았다. 신앙에서 자기고집은 '자아'라는 사실을 말이다. 그렇다면 검도에서 자기 고집을 버리라는 말은 성경에서 자기를 부인하라는 말과 같은 의미다. 자기고집으로 자신의 잔을 채우면 그 잔에 아무것도 따를 수 없게 된다. 자기고집을 버릴 때 하나님의 은혜도 부어진다. 선하고 악하고 그런 문제가 아니다. 악해져도 된다는 말이 아니라 다른 관점에서 접근해야 될 문제라는 말이다. 창세기를 보면 야곱이 나이가 들수록 선해진 것이 아니다. 그 성격 그대로 갔다. 나중에 자기고집을 다 내려놓았을 때 하나님의 은혜가 부어졌다. 즉 그전에는 하나님의 은혜가 없었다는 말이 아니라 그제야 하나님의 은혜를 깨달았다는 말이다. 자기고집을 내려놓지 않으면 일평생 야곱의 고백처럼 험난한 삶을 살게 된다.

자기부인, 내려놓음은 자기 스스로 모든 것을 할 수 있다는 마음을 버린다는 것이다. 어린아이처럼 된다는 말도 마찬가지다. 어린아이와 같지 아니하면 천국에 들어가지 못한다는 말씀도 자기부인을 말씀하신 것이다(마 18:1-4). 어린아이는 부모 없이는 아무것도 스스로 할 수 없는 완전 의존적 존재이다. 이원론(영적인 것은 선하고, 육적인 것은 악하다)적 착각 때문에 자기부인을 육체적 고통과 연결시켜 생각하는 경우가 많다. 그렇지 않다. 요한복음 5장 19절에 예수께서 말씀하셨다. "내가 진정으로 진정으로 너희에게 말한다. 아들은 아버지께서 하시는 것을 보는 대로 따라 할 뿐이요, 아무것도 마음대로 할 수 없다. 아버지께서 하시는 일은 무엇이든지, 아들도 그대로 한다." 예수님은 자신도 하나님이셨지만 성부 하나님께 완전히 의존하는 모습을 보이셨다. "내가 곧 포도나무이고, 너희는 가지들이다. 그가 내 안에 거하고 내가 그 안에 거하면, 그는 많은 열매를 맺으니, 이는 나를 떠나서는 너희가 아무것도 할 수 없기 때문이다"(요 15:5, 바른성경)라고 말씀하신 것도 같은 맥락이다.

하나님께 큰 은혜를 받은 사람들은 자기 스스로 아무것도 할 수 없다는 것을 깨달은 사람들이다. 종교개혁자 마르틴 루터가 무릎으로 성당을 기어오를 때, 자신의 능력으로 도저히 어떻게 할 수 없다는 것을 깨달았을 때 오직 믿음으로 구원받는다는 깨달음이 왔던 것이다. 광야 영성도 마찬가지다. 가난한 자들과 더불어 살아간다 할지라도 스스로 하나님 나라와 의를 이루어 갈 수 있다는 생각으로는 하나님께서 주시는 큰 은혜를 누리지 못한다. 솔로몬 역시 자신의 지혜로는 나라를 다스리지 못한다는 것을 깨달았을 때 하나님의 은혜를 받았던 것이다.

광야에 살든, 도시에 살든 하나님의 은혜 없이는 아무것도 할 수 없다는 깨달음에 이르는 것이 중요하다. 하나님과 가까워지기 위해서, 경건한 삶을 살기 위해서 많은 이들이 노력한다. 이러한 노력이 결국 하나님의 은혜로 이어지려면 자신의 노력으로 할 수 있는 것이 아무것도 없다는 사실을 깨달아야 한다. 어떤 이는 금방 깨달을 수도 있지만, 어떤 이는 야곱처럼 삶의 황혼기에 깨달을 수도 있다. 어떤 것이라도 하나님을 완전 의존하는 데 방해가 된다면 그것을 가지고 하나님께 기도해야 한다. 회복은 자기부인에서 시작된다. 자기부인은 자기비하가 아니다. 자기부인은 자신이 삶의 주인이 아니라는 것, 스스로 모든 것을 할 수 없다는 사실을 인정하는 것이다. 이것이 우리가 추구해야 할 힘 빼기이다. 완전히 힘을 빼기 위해서는 자아가 죽어야만 한다.

용서

인간에게는 하나님과 공유되는 성품이 있다. 그중 하나가 용서하는 성품이다. 용서는 타락한 인간이 지닐 수 있는 성품이 아니다. 그럼에도 하나님께서는 서로 용서하라고 하신다. 하나님께서는 우리가 할 수 없는 것을 요구하는 분이 아니시다. 그런데 죄인인 인간은 용서하는 것이 힘들다. 자신은 용서받기를 원하면서도 남을 용서하는 것은 분노가 치미는 일이다. 그러나 마음의 회복에 가장 중요한 것이 자신에 대한 용서와 타인에 대한 용서다. 용서와 회개는 맞물려 있다. 용서 후에 일어나는 회복의 속도는 상상할 수 없을 정도로 빠르고 강력하다.

　　　　용서가 어려운 것은 두 가지 장애물 때문이다. 분노와 두려움이다. 용서를 대면하기에 앞서 분노와 두려움이 너무 크기에 용서할 대상을 외면해 버린다. 마음의 한 구석으로 밀려난 분노와 두려움은 독소를 뿜어낸다. 시간이 흐르면 흐를수록 분노와 두려움의 독소에 사로잡히게 된다. 어떤 일에 감정적으로 민감하게 반응한다면 해결되지 않은 분노가 내면에 자리 잡고 있을 확률이 높다.

용서의 첫 단계는 용서할 수 있는 힘을 달라는 간구이다. 이 간구는 하나님의 뜻에 합당하다. 자신의 힘으로 용서를 하려다가 상황이 악화되는 경우도 있는데, 용서는 하나님께서 주시는 힘으로 가능한 일이다. 용서의 다음 단계는 상대 이해이다. 그가 한 행위를 이해하라는 말이 아니라 그러한 행동을 하게 된 환경, 배경을 이해하라는 것이다. 이러한 이해 없이 상대를 용서하려고 한다면 오히려 악화될 수도 있다. 피해를 준 사람이 생각날 때마다 일어나는 분노를 하나님께 솔직하게 아뢰는 동시에 그의 영혼과 삶을 위해 기도드려야 한다. 이러한 기도가 지속되면 미워하는 마음이 점점 사라지게 된다. 미워하는 마음이 사라지면 상대와의 물리적 거리도 없애야만 하는데 단 예외는 가정폭력이다. 물리적, 언어적 폭력을 휘두르는 남편을 용서해야 하지만 동시에 물리적 거리를 두어야 한다. 계속 폭력을 당하면서 같은 공간에 있을 수 없다. 성폭력도 마찬가지다. 일반적인 경우에는 상대를 용서한 후 상대와의 물리적 거리도 사라져야 한다. 그러나 상습적 폭력, 성폭력 등 특별한 경우에는 물리적 거리를 두어야 한다.

용서를 구하는 사람은 형식적으로 용서를 빌면 안 된다. 진정으로 자신의 잘못을 뉘우칠 때 상대를 찾아가 용서를 빌어야 한다. 그런데 이보다 더 중요한 것이 있다. 하나님께 잘못을 빈 다음, 피해를 준 사람에게도 잘못을 용서받을 수 있도록 하나님께 간구해야 한다. 하나님의 도우심이 있어야 하기 때문이다. 하나님께 간구드린 다음에 상대에게 찾아가 진심으로 용서를 빌어야 한다. 그런데 용서를 빌었음에도 상대가 받아주지 않는다면 기다려야 한다. 그리고 상대방이 생각날 때마다 그의 평강을 위해 간구해야 한다. 용서해 주지 않는다고 그를 비방하면 안 된다.

기다려 주기

어린아이가 어른의 모습을 요구받으며 자라면 나중에 심각한 장애를 겪는다. 사춘기를 겪지 않고 성인이 된 분들은 60대 이후에 사춘기를 겪는다고 한다. 성장 과정이라는 것이 있다. 믿음을 처음 가진 초신자도 건강하게 성장할 수 있도록 참고 기다려 주어야 한다. 클레르보의 베르나르는 《하나님의 사랑》(On Loving God)에서 이런 말을 남겼다. "인간은 처음에 자신을 위해 자신을 사랑한다. 그러다가 자신을 위해서 하나님을 사랑한다. 그런 다음 하나님을 위해서 하나님을 사랑한다. 결국 오직 하나님을 위해 자신을 사랑한다."[13] 하나님께서 어떤 사람들은 단기간에 바꾸시는 경우도 있지만, 어떤 사람들은 오랜 시간에 걸쳐서 바꾸시는 경우도 있다. 우리는 하나님의 손길을 신뢰해야 한다. 나는 이런데 너는 왜 아직도 그렇느냐고 말할 수 없다는 것이다. 사람마다 하나님께서 다르게 성장시키시기 때문이다.

3장_ 마음 회복 실천

마음 지키기 1

혈압에 문제가 있는 이들은 평생 혈압을 유지하면서 살아야 한다. 당뇨병도 마찬가지다. 당뇨 수치가 올라가지 않도록 노력해야 한다. 이들이 몸 관리를 잘하면 병원에서 이런 말을 듣는다. "좋습니다. 관리를 잘하셨네요." 이 말은 완전히 나았다는 말이 아니다. 앞으로 관리를 하지 않아도 된다는 말도 아니다. 고혈압 또는 당뇨가 있지만 관리만 잘하면 큰 문제가 없다는 말이다. 이와 같은 맥락으로 볼 때 마음이 회복되었다는 말은 마음이 더 이상 상할 일이 없다는 뜻이 아니다.

      주님이 오시기 전까지는 완전해질 수 없다. 당뇨나 혈압을 잘 관리하면 살아가는 데 큰 문제가 없는 것처럼 주님 안에서 마음을 잘 관리하면 주님의 자녀로 살아가는 데 큰 문제가 없다는 말이다. 당뇨가 심한 사람이 관리만 잘하면 될 정도로 몸 상태를 만드는 것이 회복이고, 그 상태를 잘 유지하는 것이 마음을 지키는 법이다. 관리를 잘하다가도 과음이나 과로로 문제가 발생하는 것처럼 마음이 회복되어도 단번에 망가질 수 있다. 무엇이든지 회복되는 데는 시간이 많이 걸리나 망가지는 것은 한순간이다. 그렇기 때문에 마음이 상하지 않도록 지키는 것이 중요하다. 마음을 지키는 것은 생명의 근원을 지키는 일이기도 하다.

> 그 무엇보다도 너는 네 마음을 지켜라. 그 마음이 바로 생명의 근원이기 때문이다(잠 4:23).

함부로 말하지 않기

마음을 지키는 것에 대해서는 잠언 4장 24절부터 27절까지 언급되어 있다. 하나님께서 싫어하시는 일체의 말, 진리와 공의를 굽게 하는 말, 이웃의 마음을 아프게 하는 말을 금해야 한다. 특히 함부로 대할 수 있는 가족, 친구, 직장 동료나 제자, 후배들에게 함부로 말해서는 안 된다. 생각 없이 내뱉은 말은 시작된 회복을 순식간에 깨뜨리는 위력이 있다. 대화를 재미있게 만들려고, 또는 자신의 말을 강조하려고 사실을 왜곡시키지 않아야 한다. 말의 왜곡은 누군가에게 심한 상처가 될 수 있다. 나는 종종 잊어버릴 때도 많지만, 대화에 언급되는 사람이 바로 내 옆에 있다고 생각하면서 상대와 대화를 나눈다. 나에게는 효과가 컸던 방법이다. 말을 조심하는 또 다른 방법은 늘 존댓말을 하는 것이다. 반말을 쓰면 언제든지 험한 말로 바뀔 수 있고, 쉽게 상처를 줄 수 있다. 하나님께서 마지막 심판 때에 우리가 했던 모든 말에 책임을 물으신다는 것을 잊어서는 안 된다. 내 입에

파수꾼을 세워 달라고 기도해야 한다.

시선은 앞으로

진리와 공의를 흐리지 않도록, 바로 보라는 뜻이다. 주님께 눈을 떼지 말라는 뜻이기도 하고 본질에 집중하라는 말이기도 하다. 마음의 싸움에서도 시선을 앞으로 곧게 두면 현재 마음이 어렵다고 하더라도 상황을 이겨 낼 수 있다. 즉 마음이 힘들 때 힘든 환경에 시선이 쏠리는데, 시선을 예수 그리스도에 고정시키고 살아가면 되는 것이다. 주어진 삶을 묵묵히 살아가는 것이다. 사도 바울도 뒤에 있는 것은 잊어버리고, 오직 앞에 있는 푯대를 향해 달렸다(빌 3:12-14).

디딜 곳 살피기

발로 디딜 곳을 살펴야 한다는 것은 길을 평탄케 한다는 뜻으로도 해석될 수 있다. 이는 하나님의 진리로 향하는 길에 놓인 장애물(죄악)을 치우라는 것이다. 발로 디딜 곳을 잘 살펴야 하는 이유는 우리의 눈에 바른길같이 보이지만 죽음에 이르는 길이 있기 때문이다(잠 14:12). 아무리 좋아 보인다 하더라도 항상 지혜를 간구하여 하나님보다 앞서 가는 일이 없어야 한다. 그래서 우리는 항상 깨어 있어야 한다. 모든 일에서 자신이 지금 무엇을 하고 있는지 알아차려야 한다.

좌로나 우로나

하나님께서 원하시는 바른길에서 벗어나는 길이 바로 악이다. 좌로 빗나가는 것만 죄가 아니다. 우로 빗나가는 것도 죄다. 화살이 과녁에서 어느 방향으로 벗어나든 벗어난 것은 마찬가지이듯 말이다.

이상 언급된 네 가지 말씀은 마음을 지키는 길이다. 마음을 지키지 않으면 어떻게 될까 생각해 보아야 한다. 성경은 마음이 생명의 근원이라고 한다. 마음을 지키지 않으면 생명의 근원을 지키지 않는다는 말이 된다.

마음 지키기 2

마음을 지킨다는 것은 악한 영향력에서 자신을 지키는 것이다. 마음을 지킨다는 것은 악한 영향력의 사정권 안으로 들어가지 않도록 거룩하게 산다는 말이다. 악한 영향력에서 자신을 지키는 것은 하나님의 은혜로 말미암는데, 악한 유혹이 올 때 사전에 차단하고, 유혹에 빠질 환경을 만들지 않는 것이 필요하다. 지금 자전거가 나를 향해 전속력으로 달려오고 있다고 하자. 그것도 정면으로. 어떻게 막아야할까? 옆으로 피하지 않고 정면으로 막아 낼 수 있을까? 막아 낼 수 있다고 하더라도 큰 충격을 받을 것이다. 그런데 한 손으로 막는 방법이 있다. 누구나 쓸 수 있는 방법이다. 상대가 전속력으로 달려오기 전, 자전거에 올라탈 때 앞에서 자전거 핸들을 한 손으로 붙잡고 버티면 된다. 그러면 자전거는 아예 꿈쩍도 할 수 없게 된다. 전속력으로 달려오는 상황을 아예 만들지 않는다는 것이다.

그게 무슨 특별한 비법이냐고 실망했을지 모르지만 이것이 지혜로운 방법이다. 이런 방법이면 자동차도 못 달리게 할 수 있다. 달려오는 차를 멈출 수는 없지만 자동차가 출발하기 전에 바퀴 앞에 큰 돌을 갖다 놓으면 자동차는 움직이지 못하게 된다. 엄청난 힘은 갑자기 형성되지 않는다. 따라서 엄청난 힘을 막아 내는 비결은 힘이 생성되기 전에 막는 것이다. 이러한 방법을 가장 잘 이용한 무술이 태극권(Tai Chi Quan)과 팔괘장(Bakuazhang), 대동류 합기유술(Daitoryu Aikijujitsu, 한국 합기도의 뿌리) 등이다. 이렇게 무술에서 사용되는 방법이 마음을 지키는 데 있어서도 그대로 적용된다.

일반적으로 마음의 동요도 처음부터 크게 일어나지는 않는다. 아내들이 사소한 문제로 화를 내는 경우가 있다. 그런 아내의 반응에 남편들은 뭐 그런 것 가지고 화를 내느냐 하지만 사실 아내는 그 순간의 일로 화내는 것이 아니다. 그동안 쌓였던 것이 터진 것이다. 그런데 남편은 현재 문제만 보니 이해할 수 없는 것이다. 사실 아내의 화를 막아 내려면 문제가 처음 발생했을 때 해결하면 된다. 사람은 어떠한 계기를 통해서 마음의 동요가 시작된다. 곧 엄청난 속도로 마음의 동요가 증폭되면서 분노나 슬픔 그리고 두려움의 형태로 나타나게 된다. 그런 상태에서 이 사람 저 사람을 만나면 마음의 동요는 점점 커진다. 이러한 과정에서 자신도 상처를 받게 되고 남에게도 상처를 주게 된다. 태풍이 형성되는 것과 같은데 이런 원리로 공명 현상이 일어난다. 결국에는 마음이 걷잡을 수 없을 정도로 무너지게 된다.

이미 마음의 동요가 최고점에 도달하면 해결하기가 무척 힘들다. 그러므로 항상 깨어서 마음의 동요가 일어나는지 점검해야 된다. 마음에 약간의 문제라도 있으면 즉시 해결해야 된다. 지혜롭게 마음을 다스리는 방법은 마음의 동요가 시작될 때 해결하는 것이다. 즉 마음의 문제가 시작되면 재빨리 하나님 앞에 나아가 해결을 받은 뒤, 사람들과 만나는 것이 마음을 다스리는 현명한 방법 중 하나다.

회복의 사각지대

상식적으로 이해하기는 어렵지만 이웃의 회복을 도우면 자신의 회복이 급속도로 이루어진다(사 58장). 바로 주위에 있는 가난한 사람들을 시작으로 회복의 범위를 넓혀 가면 자신의 회복은 물론 하나님 나라도 강력하게 세워진다.[14] 그런데 문제는 가난한 자들에 대한 개념이 너무 좁다는 점이다. 그로 인해 회복의 사각지대가 만들어지고 있다. 회복의 사각지대가 생기면 회복의 시발점을 지탱시키지 못하기 때문에 회복이 퍼져 나갈 수 없다. 우리가 도와야 될 사람들을 단 하나의 범주에 포함시킨다면 '가난한 자'라는 범주에 넣을 수 있다. 그렇다면 가난한 자는 누구인가? 우리는 주로 물질과 연결시켜 해석한다. 즉 돈 없는 사람이 가난한 자라고 생각한다. 좀더 확장시키면 돈 없고 병에 걸린 사람이다. 그런데 돈과 질병은 상대적이다. 물질적인 측면에서 가난한 자를 돌아보면 더 가난한 자를 늘 찾을 수 있다. 질병도 마찬가지다. 몸이 아픈 사람을 돌아보면 더 아픈 사람들이 늘 있다. 가난하고 아픈 사람들의 정의를 문자적으로 해석할 수도 있겠지만 하나님의 관점에서 보면 해석의 폭이 훨씬 커진다. 누가복음 4장 18~19절 말씀을 보면 주님이 오신 목적이 나와 있다. 그 목적은 주님의 제자들에게 이어져 우리까지 이어진다.

주님의 영이 내게 내리셨다. 주님께서 내게 기름을 부으셔서, 가난한 사람에게 기쁜 소식을 전하게 하셨다. 주님께서 나를 보내셔서, 포로된 사람들에게 해방을 선포하고, 눈먼 사람들에게 눈 뜸을 선포하고, 억눌린 사람들을 풀어 주고, 주님의 은혜의 해를 선포하게 하셨다(눅 4:18-19).

　　가난한 사람의 범주에는 물질적인 어려움을 겪는 사람도 포함된다. 그러나 가난한 사람을 물질적인 어려움을 겪는 사람으로 한정시키면 자신보다 풍요로운 사람은 일단 복음에서 제외된다. 위의 누가복음 본문은 가난한 사람이 누구인지 명백하게 설명한다. 첫째, 포로된 사람이다. 둘째, 눈먼 사람이다. 셋째, 억눌린 사람이다. 이 말은 결국 주님의 은혜가 필요한 사람들이라는 뜻이며, 자신의 힘으로 아무것도 할 수 없다는 사실을 아는 사람을 가리킨다.

　　현 시대는 돈이 가치의 기준이 되어 버렸다. 이것은 번영신학을 추구하는 사람에게만 해당되는 말이 아니다. 하나님을 잘 섬기고자 하는 분들까지 돈의 가치관이 스며들었다. 이러한 가치관을 바꾸지 않는 이상 사회 전체의 회복은 어렵다. 물질적 가치관으로 보면 복음의 사각지대가 발생되기 때문이다. 가장에게 가난한 자는 아내와 자녀들일 수 있다. 경영자라면 직원들이 가난한 자일 수 있다. 심지어 대기업 사장도 가난한 자일 수 있다. "아니, 대기업 사장이 왜 가난한 자인가?"라고 분노하면 바로 당신의 가치관이 돈이라는 것을 입증하는 셈이다. 대기업 사장이라고 하더라도 돈에 포로 되었고, 돈에 눈이 멀었고, 계속 돈을 벌어야 한다는 압박감에 짓눌려 있다면 가난한 사람이고 복음의 대상이다. 그런데 부자가 삶의 고통에 짓눌려 자살을 하면 그가 겪었던 삶의 무게에 긍휼함을 느끼는 것이 아니라 돈이 많아서 죽었다고 비꼬는 경우가 설교 시간에도 비일비재 일어난다.

　　나는 내 자녀들이 억눌려 있을 때 자녀들을 가난한 자로 보지 않은 실수를 저질렀다. 잠잘 공간이 있고 밥을 먹을 수 있고 부모가 있다고 생각했기 때문이다. 내 자녀들은 가난한 자의 범주에 포함되지 않았다. 아내 역시 마찬가지다. 아내는 가정폭력을 당하지도 않았고, 굶지도 않았다. 그러니 가난한 자의 범주에 들어가지 않는다고 생각했다. 이 모든 것이 내 기준에서의 평가일 뿐이었다. 사실 아내와 자녀들은 가난한 사람이고 회복의 대상이다. 그들의 고통과 억눌림에 관심을 가지고 돕는 것이 주님이 기뻐하시는 회복의 시작인 것이다. 그런데 지금까지 내가 세운 기준이 항상 가난한 자의 사각지대를 만든 것이다. 어디서 가난한 자를 찾는다고 해도 그보다 더 가난한 자는 꼭 있다. 아무리 가난한 자라고 하더라도 어딘가에 더 가난한 자는 있기에 더 가난한 자를 찾게 되면 덜 가난한 자는 가난한 자가 아니게 되는 것이다. 그러므로 바로 옆에 있는 가난한 자의 회복부터 도우면서 범위를 넓히는 것이 옳다.

회사의 경영자도 마찬가지다. 기독 경영인이라면 교회나 선교단체를 통해 가난하고 어려운 사람들을 도울 수 있다. 그러나 누가복음 4장 18~19절 말씀에 따라 가난한 자의 범위를 넓히면 직원이 가난한 자일 수 있다. 직원은 월급을 받고 좋은 환경에서 일하는 사람이다. 전혀 가난한 사람이 아니다. 그런데 가난한 자의 범위를 넓히면 그 직원도 가난한 사람일 수 있다. 늦게까지 일하면서 자녀들과 시간을 가지지 못하며, 언제 해고당할지 모르는 압박감에 눌려 하루하루 살아간다면 그 직원은 가난한 사람이다. 경영자는 그 직원의 삶이 행복해지도록 배려해 주어야 할 것이다. 공휴일에 직원을 부르는 경영자라면 그 직원의 가족도 의식해야 하나님의 회복에 사용되는 도구가 되는 것이다.

아빠가 필요한 자녀를, 남편이 필요한 아내를 내버려 두고 가난한 이웃을 찾는 것은 회복의 사각지대를 만드는 것이다. 회복의 사각지대부터 없애야 한다. 아내나 남편, 자녀가 무엇에 포로 되었는지, 무엇에 짓눌렸는지 안다면 최선을 다해 도와야 한다. 회복의 사각지대를 없애자는 말은 먼 곳에 있는 이웃의 회복을 신경 쓰지 말라는 말이 아니다. 하나님께서 주신 비전에 따라 먼 곳에 있는 이웃의 회복도 애써야 한다. 이것이 해외선교 아닌가? 해외선교도 복음의 사각지대를 없애면서 하는 것이 옳다. 주님을 위해 희생한다는 명목으로 회복의 사각지대를 만들면 안 된다. "누구든지 자기 친척 특히 가족을 돌보지 않으면, 그는 벌써 믿음을 저버린 사람이요, 믿지 않는 사람보다 더 나쁜 사람입니다"(딤전 5:8)라는 말씀이 왜 디모데전서에 있는지 깊이 묵상해야 한다. 회복의 사각지대가 만들어지면 일단 본인이 지치고, 사역도 힘들어진다. 그 힘듦을 주님 주시는 고난이라고 생각하면 곤란하다.

영 회복은 하나님과의 관계 회복에서 시작된다. 이를 위해 먼저 해야 할 것이 있다(구원의 조건을 말하는 것은 아니다). 하나님께서 싫어하시는 것을 더 이상 하지 않는 것이다. 이것을 회개라고 한다. 예수께서 복음을 전하기 전에 먼저 회개를 선포하셨다. 그런데 하나님께서 싫어하시는 것을 그대로 하면서 하나님과의 관계는 회복되기를 바라는 사람이 있다. 이것은 이스라엘 백성의 삶이 다시 재현된 것이다. 무대만 바뀌었을 뿐이다. 이스라엘은 단 한 번도 하나님을 떠난 적이 없었다. 다만 하나님께서 싫어하시는 것을 그대로 하면서 하나님을 섬겼던 것뿐이다. 바알 우상을 섬길 때도 하나님께 제사드리는 것을 중단하지 않았다(왕상 18:21). 하나님께서 싫어하시는 것을 그대로 하면서 하나님과의 관계가 회복되기를 원하는 것은 마치 몸에 해로운 음식을 계속 먹으면서 몸이 건강해지기를 바라는 것과 다를 바 없다. 운동을 하면 음식을 어떻게 먹든 상관없다고 생각하는 것은 교회 봉사, 찬양, 전도를 하면 하나님께서 싫어하시는 것을 계속해도 기뻐하실 것이라는 착각 속에 사는 것과 같다. 이러한 착각은 회복에 큰 걸림돌이다.

2

영 회복

1장_ 죄의 문제

십자가와 우리의 죄

너희가 나의 앞에 보이러 오지만, 누가 너희에게 그것을 요구하였
느냐? 나의 뜰만 밟을 뿐이다! 다시는 헛된 제물을 가져오지 말아
라. 다 쓸모없는 것들이다. 분향하는 것도(너희들이 기도하는 것도)
나에게는 역겹고, 초하루와 안식일과 대회로 모이는 것도 참을 수
없으며, 거룩한 집회를 열어 놓고 못된 짓도 함께하는 것을, 내가
더 이상 견딜 수 없다(사 1:12-13).

지금 너는 나를 '아버지'라고 부르면서, '오랜 친구'라고 하면서,
'하나님은 끝없이 화를 내시는 분이 아니다. 언제까지나 진노하시
는 분이 아니다' 하면서, 온갖 악행을 마음껏 저질렀다(렘 3:4-5).

십자가는 하나님께서 얼마나 죄를 싫어하시는지를 보여 준다.

그럼에도 하나님께서 예수 그리스도를 십자가 죽음에 내던지신 것은 인간의 죄 문제를 해결하시기 위해서였다. 인간이 죄와 연결된 이상, 인간과 하나님과의 관계가 영원히 회복될 수 없었기 때문이다.

하나님은 독생자를 죽음에 내어 놓으실 정도로 죄를 싫어하신다. 십자가를 볼 때 그것이 분명해진다. 죄의 심각성을 망각하고, 어려운 사람들만 도우면 십자가의 길이라고 생각하는 것은 오류다. 십자가에는 분명 사랑이 담겨 있지만 죄에 대한 하나님의 공의도 담겨 있다. 피 묻은 십자가 복음을 외치며 가난한 사람들을 긍휼하게 여기는 사람들이 서로 싸우고, 비방하고, 시기하고, 질투하고, 모함하고, 거짓증언하고, 음란하고, 서로 당을 짓는 것이 얼마나 모순인가.

가난한 사람들과 함께하는 것보다 힘든 것은 할 수 있는 대로 모든 사람과 더불어 화평하게 지내는 것이다(롬 12:18). 이러한 삶에는 먼저 용서와 화해가 요구되는데 이런 용서와 화해는 십자가의 고통을 통해서만 얻을 수 있는 열매이다. 성령의 도우심과 더불어 자신과의 처절한 싸움이 필요하다. 이것은 고난의 길이다. 십자가의 길이다. 다른 사람의 유익을 위해 어려움을 당하는 것도 고난이고, 주님의 영광을 위해 어려움을 겪는 것도 고난이지만, 악한 일을 하지 않으려고, 화해를 위해 몸부림치는 것 또한 고난이다. 구원받은 우리는 구원에 합당히 살기 위해 죄짓는 것을 중단하도록 애써야 한다. 이것은 하나님의 무조건적인 은혜에 대한 올바른 반응이다.

기도를 멀리하는 죄

예전에는 기도가 그렇게 중요하다고 생각하지 않았다. 그러나 "쉬지 말고 기도하라"(살전 5:17)는 말씀, 기도를 중단하는 것은 죄를 범하는 것이라는 말씀(삼상 12:23)으로 기도가 부담과 의무로 자리 잡게 되었다. 기도에 관련된 많은 책들도 필자를 끊임없이 기도의 자리에 서라고 외쳤다. 그런데 대부분 막연하게 언급되어 있어 피부에 와닿지는 않았다. 그러던 어느 날 하나님께서 성경을 통해 기도를 드리지 않으면 어떠한 문제가 발생하는지 아주 구체적으로 깨닫게 해주셨다.

지혜를 받지 못함

"여러분 가운데 누구든지 지혜가 부족하거든, 모든 사람에게 아낌없이 주시고 나무라지 않으시는 하나님께 구하십시오. 그리하면 받을 것입니다"(약 1:5). 이 말씀은 하나님께 지혜를 구하지 않으면 받지 못한다는 뜻이다. 이 세상을 살아가면서 하나님께서 주시는 지혜를 가지고 사는 것과 지혜 없이 사는 것의 차이가 무엇일까 우리 모두 생각해 보았으면 한다.

시험에 빠짐

"시험에 빠지지 않도록 깨어 있어 기도하라"(마 26:41)는 말씀이 있다. 이 말씀은 기도하지 않으면 시험에 빠진다는 말이다. 여기서 말하는 시험(페이라스모스)은 유혹, 불행 등을 말한다. 필자의 경우 지난날을 되돌아보면, 기도하지 않아서 시험에 빠져 어려움을 겪은 경우가 많았다. 그리고 그 어려움을 고난, 연단이라고 착각했다. 하나님께서는 우리가 시험에 빠져 힘들어하는 모습을 보실 때 마음이 어떠하실까… 그런데 그 시험이 기도를 하지 않아서 빠진 시험이라면 어떻겠는가? 이 문제에 대해서도 생각해 보아야 한다.

혼돈에 빠짐

"왕들과 높은 지위에 있는 모든 사람을 위해서도 기도하십시오. 그것은 우리가 경건하고 품위 있게, 조용하고 평화로운 생활을 하기 위함입니다. 이것은 우리 구주 하나님께서 보시기에 좋은 일이며, 기쁘게 받으실 만한 일입니다"(딤전2:2-3). 이 말씀은 나라의 지도자들을 위해서 하나님께 기도드리지 않으면 우리가 불경건하게 되고, 품위가 없게 되며, 조용하고 평화롭지 못한 삶을 산다는 것이다. 그런데 문제는 현재 우리가 이러한 삶을 살고 있으면서도 기도하지 않아서 발생된 문제라는 것을 깨닫지 못하고 자꾸 정치적으로 풀어 나가려고 한다는 것이다.

마지막에 닥칠 일

베드로는 "만물의 마지막이 가까이 왔습니다. 그러므로 정신을 차리고, 삼가 조심하여 기도하십시오"라고 당부하였다(벧전 4:7). 무서운 환란이 올 것이라는 말에 이어 기도가 언급되었다는 것은 기도가 환란을 이기는 데에 중요한 역할을 한다는 뜻이다. 기도하지 않는 것은 우리가 생각하는 것 이상으로 심각한 일이다. 특히 예수님께서 스스로 조심해서, 방탕과 술취함과 세상살이의 걱정으로 우리의 마음이 짓눌리지 않게 하고, 또한 마지막 날이 덫과 같이 우리에게 닥치지 않게 하라고 말씀하셨는데 그 마지막 날은 하나님을 믿는 자나 믿지 않는 자나 예외없이 모두에게 닥친다.

앞으로 일어날 모든 일을 이길 수 있는 방법을 예수님께서 말씀해 주셨다. 그것은 기도하면서 늘 깨어 있는 것이다(눅 21:34-36). 예수님 말씀을 통해 우리가 기도를 하지 않으면 닥칠 끔찍한 일을 견뎌 내지 못한다는 사실을 알 수 있다. 이외에도 하나님께 기도를 드리지 않는 것은 심각한 일을 초래할 수 있음을 암시하는 내용들이 성경에 많이 기록되어 있다. 내가 기도를 드리지 않아도 하나님의 이름은 영원히 거룩하실 것이고, 하나님의 나라도 분명히 임할 것이고, 하나님의 뜻도 하늘에서 이루어진 것처럼 이 땅에서도 이루어질 것이다. 그러나 분명한 것은 이를 위해 하나님께 기도를 드리지 않으면 나와는 관계없는 일이 된다는 것이다. 이 얼마나 끔찍한 일인가……. 무엇보다 말씀과 기도는 하나님의 자녀로서 아버지 되신 하나님과 교제를 위한 유일한 통로이므로 우리의 삶에서 매우 중요하다. 이보다 더 중요한 일은 없다.

말씀을 멀리하는 죄

기도를 드리기 위해서는 평소에 하나님의 말씀을 가까이하며 순종해야 한다. 귀를 돌리고 율법을 듣지 않으면, 기도마저도 역겹게 되기 때문이다(잠 28:9). '오직 성경', '오직 말씀'을 외치며 말씀으로 돌아가자는 외침은 안타깝게도 성경 읽기 운동으로만 그치고 만다. 성경을 읽는 것은 하나님을 알기 위함이다. 하나님께서 원하시는 교제를 하기 위함이다. 그 교제 안에는 생명이 있고, 구원이 있고, 주님의 음성이 있고, 우리의 순종이 있고, 주님의 인도하심이 있고, 주님을 향한 우리의 찬양이 있다. 그런데 성경을 멀리하면 하나님과의 교제가 온전히 이루어질 수 없게 된다. 결과적으로 삶에 어둠이 스멀스멀 들어오게 된다. 성경을 읽지 않는 것은 성벽을 무너뜨리는 것과 같다. 언제든지 죄가 침입할 수 있기 때문이다. 이런 의문이 든 적이 있었다. '성경을 더 많이 읽는다고 하나님께서 더 사랑하시고, 성경을 안 읽는다고 해서 덜 사랑하시는 하나님이 아니지 않은가. 하나님의 사랑이 우리의 노력에 영향을 받지는 않는 것 아닐까.'

그러자 이런 상황이 떠올랐다. 만약에 내 자녀가 깊은 바닷물에 들어갈 때 구명조끼를 입으라고 말했는데 자녀가 '구명 조끼를 입는다고 아버지께서 나를 더 사랑하시고 입지 않는다고 해서 덜 사랑하시고 그렇지는 않아. 아버지는 내가 구명조끼를 입으나 입지 않으나 사랑하셔'라고 한다면 내 마음이 어떨까……. 구명조끼는 생명에 직결된 문제이기 때문에 입으라고 한 것이다. 그런데 구명조끼를 입는 것과 아버지의 사랑을 연관시키는 것은 애당초 잘못된 사고다.

또 다른 예도 떠올랐다. 시골에 사는 나를 자녀가 밤에 찾아온다고 해서 길이 위험하니 손전등을 가지고 오라고 했다. 그런데 '아버지는 내가 손전등을 들고 온다고 해서 더 사랑하시고, 들고 오지 않는다고 해서 덜 사랑하시는 분이 아니시기에 꼭 들고 갈 필요는 없지'라고 생각하고 손전등을 들고 오지 않는다면 내 마음이 어떨까. 손전등을 들고 오라는 말을 인간의 행위, 공로로 본다는 것이 안타까울 것이다.

이러한 예가 떠오르자 이해는 되었지만 '그래도……'라는 생각이 내 속에 차 있었다. 하나님께서는 이스라엘과 유다가 왜 멸망했는지 아느냐는 말씀과 함께 성경을 떠올리게 하셨다.

먼저 북이스라엘과 남유다를 보자. 두 나라가 다 멸망했는데, 그 멸망은 다윗의 범죄에서 비롯되었고 솔로몬 때 징조가 보였으며 솔로몬 이후 북이스라엘과 남유다로 나뉘어졌고 결국 둘 다 멸망했다. 무엇이 이런 멸망을 가져왔는지 의견이 분분하다. 어떤 이는 솔로몬이 물질적으로 부유해서 그랬다고 한다. 하지만 성경은 그렇게 말하고 있지 않다. 솔로몬은 정치적 입지를 강화하기 위해 정략결혼을 한 끝에 멸망으로 치달은 것이다. 정략결혼으로 이방 여인들이 섬기는 우상들이 그대로 들어왔다. 하지만 우상을 들인 것도 결과일 뿐이다. 그 이전에 문제의 시발점을 살펴야 한다. 그렇게 해야 근본 원인을 찾는다.

> 그가 왕위에 오르거든 이 율법서의 등사본을 레위 사람 제사장 앞에서 책에 기록하여 평생에 자기 옆에 두고 읽어 그의 하나님 여호와를 경외하기를 배우며 이 율법의 모든 말과 이 규례를 지켜 행할 것이라 그리하면 그의 마음이 그의 형제 위에 교만하지 아니하고 이 명령에서 떠나 좌로나 우로나 치우치지 아니하리니 이스라엘 중에서 그와 그의 자손이 왕위에 있는 날이 장구하리라(신 17:18-20, 개역개정).

'그리하면'을 '그리하지 않으면'으로 바꾸면 이렇게 이해될 수 있다. '그가 왕위에 오르거든 이 율법서의 등사본을 레위 사람 제사장 앞에서 책에 기록하여 평생에 자기 옆에 두고 읽어 그의 하나님 여호와를 경외하기를 배우며 이 율법의 모든 말과 이 규례를 지켜 행할 것이라. 그런데 그리하지 않으면, 마음이 교만해져서 자기 형제를 업신여기게 되고, 그 명령에서 떠나 좌로나 우로 치우치게 될 것이며, 이스라엘 왕위에서 쫓겨나게 될 것이다.' 그런데 이것이 현실이 되었다. 역대 왕들은 말씀을 기록하여 가까이 두고 읽으면서 실천하기는커녕 율법 책을 잃어버리기까지 했다. 요시아 왕 때 성전 수리를 하다 율법 책이 발견된다(왕하 22:3-20; 대하 34:8-28). 즉 왕들이 필사는커녕 말씀을 아예 가까이하지 않았다는 말이다. 말씀이 어디에 있는지 관심조차도 없었다는 말이다.

> 이 율법책을 네 입에서 떠나지 말게 하며 주야로 그것을 묵상하여 그 안에 기록된 대로 다 지켜 행하라 그리하면 네 길이 평탄하게 될 것이며 네가 형통하리라(수 1:8, 개역개정).

말씀을 입에서 떠나게 하고 주야로 묵상하지 않게 되면 결과적으로 기록된 대로 지켜 행할 수 없게 된다. 다 지켜 행하지 않으면 우리의 길이 평탄하지 않을 것이며 우리가 형통하지 않게 된다는 것이다. 신약에서도 하나님의 말씀을 읽는 것의 중요성을 강조하고 있다.

> 또 어려서부터 성경을 알았나니 성경은 능히 너로 하여금 그리스도 예수 안에 있는 믿음으로 말미암아 구원에 이르는 지혜가 있게 하느니라 모든 성경은 하나님의 감동으로 된 것으로 교훈과 책망과 바르게 함과 의로 교육하기에 유익하니 이는 하나님의 사람으로 온전하게 하며 모든 선한 일을 행할 능력을 갖추게 하려 함이라(딤후 3:15-17, 개역개정)

성경을 통하지 않으면 우리를 구원해 주시는 예수님을 바르게 알 수 없다. 성경을 읽지 않으면 교훈과 책망과 바르게 함과 의로 교육하기에 유익한 것이 없으므로 하나님의 사람으로 온전하게 되지도 않으며 모든 선한 일을 행할 능력도 갖추지 못하게 된다. 베드로후서 1장 3절에서도 우리가 하나님을 앎으로 말미암아 생명과 경건에 이르게 하는 모든 것을, 그의 권능으로 주셨다는 말씀이 있다. 기도와 성경을 가까이하지 않으면 하나님을 알 수가 없다.

현재 한국 교회의 부패 상황도 성경을 멀리한 것과 연관이 있다. 성경을 읽는 사람들이 한국에 많은 것 아니냐고 생각할 수도 있다. 그러나 그렇지 않다. 개인적으로 아는 목사님께서 이런 말씀을 하셨다. "저는 언제부터인가 설교 준비를 위해 성경 말씀을 읽고 있다는 사실에 깜짝 놀랐습니다. 이제 성경을 가까이해야겠습니다." 당시에는 이 말씀이 이해가 되지 않았다. 그 목사님은 성경을 항상 읽으시는 분이셨기 때문이다……. 그 목사님께서 두려워하셨던 모습이 내가 신학 공부를 할 때 보였다. 하나님을 더 사모하기 위해, 순종하기 위해, 말씀 앞에 나의 자아를 죽이기 위해 성경을 읽지 않고 에세이를 쓰기 위해, 얕은 신학적 지식을 지지하는 구절을 찾기 위해 성경을 읽고 있다는 사실을 본 것이다. 신학 공부가 잘못되었다는 것이 아니라 무엇이 중요한지 망각했다는 것이 문제였다. 아무튼 내 성경 읽기는 신명기, 여호수아, 디모데후서에서 말하는 성경 읽기는 아니었다. 자아를 죽이지 않고, 하나님을 갈망하는 마음 없이 읽는 성경은 1백 독을 해도 하나님과의 인격적 만남이 일어나지 않는다.

2장_ 영 회복의 길

그의 나라와 의를 구하라

주님께서는 먼저 그의 나라와 의를 구하면 우리에게 필요한 것들을 다 책임지겠다 약속하셨다(마 6:33). 우리의 욕심을 다 이루어 주시겠다는 말씀이 아니다. 하나님의 나라와 의를 구하는 것은 우리의 회복에 중요한 부분이다. 그런데 하나님의 나라와 의가 무엇인지 모르면 어떻게 구하겠는가.

하나님 나라의 정의에 신학자들이 다소 차이를 보이지만 대부분 '하나님의 통치'라는 데 의견이 일치한다. 나는 단순히 하나님의 통치보다 '그리스도인을 통한 하나님의 통치', 즉 하나님의 영광과 다스림이 그리스도인들을 통해 드러나는 것이 하나님 나라라고 생각한다.

짚고 넘어가야 할 부분이 있다. '먼저'라는 말이다. 예를 들겠다. 나는 무술, 특히 관절꺾기를 가르칠 때 이렇게 한다. 먼저 단전에 마음을 두고[1] 기술을 사용하라고······. 걸을 때도 먼저 단전에 마음을 두고 걸으라고 한다. 이때 '먼저'라는 의미를 이렇게 이해하면 곤란하다. '단전에 먼저 마음을 두었으니 이제 단전은 그만 의식하고 기술을 막 사용하면 되겠네?' 또는 '5분간 단전에 마음을 두었으니 이제 무조건 걸으면 되겠네?' 그러나 내 말은 단전을 의식하면서 기술을 사용하고, 단전을 의식하면서 걸으라는 말이었다. 사람의 몸은 단전을 중심으로 역학적으로 움직이기 때문에 단전을 의식하면서 움직이면 몸의 코어가 바로잡힌다. 먼저 그의 나라와 의를 구하라는 말씀은 하나님의 일과 세상일을 구분하라는 말씀이 아니다. 이원론(영적인 것은 선하고 세상의 모든 것은 악하다)으로 인해 하나님의 일과 세상일을 분리시켜 하나님을 오해하는 성도들이 의외로 많다. 이원론적 생각에 빠지게 되면 세상의 회복도 일어나지 않는다. 예를 들어 식당을 경영하는 사람이 하나님의 나라와 의를 구하는 것은 식당에서 음식을 팔 때 정직하게, 좋은 음식을 만들어 파는 것이다. 교회에서 예배드리는 것만이 하나님의 나라와 의를 구하는 것이 아니다.

주기도문에서 일용할 양식을 구하는 것도 하나님의 나라와 의를 사모하면서 일용할 양식을 구하라는 것이다. 그렇기 때문에 먹든지, 마시든지, 무슨 일을 하든지, 모든 것을 하나님의 영광을 위해서 할 수 있는 것이다(고전 10:31). 세상일을 시작하기 전에 예배를 먼저 드리면 하나님 나라와 의를 구한 것이라고 생각하는 것은 오류이다(일을 시작하기 전에 예배드리는 것이 소용없다고 말하는 것이 아니다). 하나님의 뜻대로 했으니 남은 하루는 마음대로 할 가능성이 크다. 새벽기도 드리고 나서 영적 무장해제가 되는 것과 마찬가지다. 물론 하루를 시작하기 전에 성경을 읽고 기도를 드리는 것은 좋다. 그러나 하나님의 나라와 의를 먼저 구한다는 말은 이런 뜻을 넘어선다. 기업 경영자가 그의 나라와 의를 추구할 때는 이윤을 창출할 때, 하나님의 영광을 가리지 않는지, 이웃을 해롭게 하는 것이 아닌지(사랑), 속이는 저울을 사용하고 있지는 않은지(공의) 주의하면서 자신의 일을 하는 것이다.

아버지의 이름

> 너희는 주님께 감사하면서, 그의 이름을 불러라. 그가 하신 일을 만민에게 알려라. 그에게 노래하면서, 그를 찬양하면서, 그가 이루신 놀라운 일들을 전하여라. 그의 거룩하신 이름을 찬양하여라. 주님을 찾은 이들은 기뻐하여라. 주님을 찾고, 그의 능력을 힘써 사모하고, 언제나 그의 얼굴을 찾아 예배하여라. 주님께서 이루신 놀라운 일을 기억하여라. 그 이적을 기억하고, 내리신 판단을 생각하여라 (시 105:1-5).

이름은 단순히 상대를 부르는 호칭이 아니다. 성경은 이름을 중요하게 여기고 있으며 구약의 이름에는 많은 정보가 담겨 있다. 특히 하나님의 이름에는 그분의 성품과 능력이 담겨 있다. 하나님께서는 인간들의 눈높이에 맞추기 위해 다양한 이름을 허락해 주셨다. 성경에 언급된 이름으로 하나님을 완전하게 알 수는 없지만 하나님의 이름을 아는 것은 우리의 기도를 풍성하게 도와준다. 하나님의 이름을 아는 것이 하나님과의 풍성한 관계의 시발점이라 해도 과언이 아니다.

여기 어린아이가 한 명 있다고 하자. 그 아이 아빠의 이름 뒤에 대기업 회장, 의사 선생, 강력계 형사반장, 자동차 정비사, 컴퓨터 엔지니어, 요리사 등이 붙어 있다고 가정해 보자. 아이는 식사 때마다 아빠의 요리를 기대할 것이다. 아빠가 요리사라는 사실을 알기 때문이다. 아빠랑 가다가 자동차가 고장나도 걱정하지 않을 것이다. 아빠가 정비사이기 때문이다. 아이가 놀다가 이웃집 창문을 깨뜨렸다면 자기가 물어 주어야 한다는 부담감을 가지지 않을 것이다. 몸에 이상이 있어 아프면 제일 먼저 아빠에게 말할 것이다. 아빠가 의사라는 사실을 알기 때문이다. 폭력배들을 만나도 두려워하지 않을 것이다. 아빠가 경찰이기 때문이다. 컴퓨터가 망가져도 걱정하지 않을 것이다. 아빠가 고칠 수 있기 때문이다. 한 아빠에게 달린 이름(직책)이 여섯 개 정도인데 아이는 아빠와 함께 있는 것이 든든할 것이다. 하나님의 이름은 이와 비교할 수 없다.

아이가 설사 아빠 이름에 따라 붙는 호칭을 모른다 하더라도 자신의 아빠라는 사실만 안다면 아빠와의 관계에 문제가 없을 것이다. 그러나 자녀로서 누릴 수 있는 것들은 많이 누리지 못할 것이다. 우리가 하나님의 풍성한 이름을 모른다 하더라도 하나님이 우리의 참 아버지라는 사실을 알고 예수님의 공로를 의지하면 구원에 이를 수 있다. 그러나 하나님의 풍성한 이름을 안다면 이 땅에서 감사와 찬양을 올려 드리는 일이 더 많아질 것이다.

나는 하나님의 이름을 찾아본 뒤 공책에 적어 놓고 자주 묵상하는 시간을 가졌다. 하나님의 이름을 아는 것은 기도를 풍성하게 해주었다. 기도하다 보면 하나님의 이름이 매순간 떠오르게 된다. 하나님의 이름에 대한 신뢰가 커질수록 평강도 더해졌다. 그러던 어느 날 성경을 읽다가 각주에 달린 본문 설명이² 내 눈에 들어왔다. 하나님의 이름 일곱 개가 시편 23편에 있음을 알게 된 것이다. 그러자 시편 23편이 전보다 더 풍부한 찬양의 시로 다가왔다. 계속 묵상하자 더 많은 하나님의 이름³이 시편 23편에 있음을 알게 되었다.

1절 여호와는 나의 목자시니 내게 부족함이 없으리로다

○ 예흐예(1961): 자존하시는 분, 모든 것 되시는 분(출 3:14).
○ 엘 엘욘(5945) : 지극히 높으신 하나님, 모든 우주의 주권적 통치자(신 32:8).
○ 엘로이-라아-(7462, 7473): 여호와는 나의 목자(시 23:1).
○ 아도나이 이르에, 이레(7200): 준비하시는 하나님(창 22:14).
○ 엘샤다이, 솨다이(7706): 모든 것을 충족케 하시는 하나님

2절 그가 나를 푸른 풀밭에 누이시며 쉴 만한 물가로 인도하시는도다

○ 아도나이 샬롬, 솰롬(3068, 3073, 7965): 평강의 하나님(삿 6:24).

3절 내 영혼을 소생시키시고 자기 이름을 위하여 의의 길로 인도하시는도다

○ 아도나이 로페에카, 로페, 라파(7495): 치유하시는 하나님

(출 15:26).

○ 아도나이 찌드케누(6664): 우리의 의가 되시는 하나님(렘 23:6, 33:16).

4절 내가 사망의 음침한 골짜기로 다닐지라도 해를 두려워하지 않을 것은 주께서 나와 함께하심이라 주의 지팡이와 막대기가 나를 안위하시나이다

○ 엘 로이(7210): 우리를 보시는(감찰하시는) 하나님, 알고 계시는 하나님(창 16:13).
○ 아도나이 마(8033): 거기에 계시는 하나님(겔 48:35).
○ 임마누엘(6005): 우리와 함께하시는 하나님(사 7:15; 8:8).
○ 엘로힘(430): 우리의 전능하신 하나님(창 1:1).
○ 야훼 체바오트-차바(6635): 만군의 하나님(창 21:22, 삼하 10:16, 출 6:26, 삼상 1:11, 시 103:21).
○ 야훼 나케(5221): 치시는 하나님(겔 7:9).
○ 야훼 엘 게물로트(1578): 보복하시는 하나님(렘 51:56).

5절 주께서 내 원수의 목전에서 내게 상을 차려 주시고 기름을 내 머리에 부으셨으니 내 잔이 넘치나이다

○ 아도나이 닛시(5251): 승리의 깃발 되신 하나님(출 17:15).
○ 아도나이 메카디쉐켐(6942): 우리를 거룩하게 하시는 하나님

(출 31:13, 레 20:8).

6절 내 평생에 선하심과 인자하심이 반드시 나를 따르리니 내가 여
호와의 집에 영원히 살리로다

○ 엘 올람(5769): 영원하신 하나님, 영생하신 하나님(창 21:33,
   사 40:28).

기도와 줄 서기

한번은 구입한 물건 값을 지불하기 위해 계산대에 줄을 서 있었다.
제법 줄이 길었다. 사람들의 표정이 보였다. 각자 구입한 물건들을 들
고 있으니 힘들 만한데도 짜증내는 얼굴을 찾을 수가 없었다. 물건
을 사기 위해서는 마땅히 줄을 서야 한다는 생각 때문일 것이다. 우
리는 사람을 만나기 위해서도 기다림을 감수해야 한다. 만약 대통령
에게 초대를 받아 청와대에 갔는데, 접대실에서 30분 정도 기다리라
는 요청을 받는다면—모든 사람이 다 소중하다. 세상 기준에 대통령을 예로 든
것 뿐이다—불평없이 조용히 기다릴 것이다. 30분이 넘어 1시간이 된
다고 하더라도 기다릴 것이다. 대통령이 당장 만나 주지 않는다고 조
급해하거나 집으로 돌아가지는 않을 것이다. 물건을 사기 위해서 줄
을 서는 것. 사람을 만나기 위해서 기다리는 것. 이 모든 것을 당연하
게 생각하며 받아들이는 우리는 왜 기도의 자리에 나가서는 5분 정
도 하나님을 기다리다가 그냥 돌아서는가? 상대가 사람일지라도 기
다리는데……. 하나님은 사람이 아니다. 창조주다. 하나님을 만나 뵙

는 것은 10년을 기다리는 대가를 지불해도 분명 가치 있는 일이다. 평생을 지불한다고 해도 말이다. 나는 기도의 자리에서 하나님의 임재가 전혀 느껴지지 않을 때—느껴지지 않는다고 해서 하나님의 임재가 없는 것이 아니다—가끔 하나님을 만나기 위해 줄을 서 있다는 생뚱맞은 생각을 할 때가 있다. 기도 자리에 줄을 설 때 그날 줄이 긴지 짧은지 미리 알지는 못하지만 기다림 자체도 소중하다는 생각이 든다. 실제 큰 은혜가 된다. 하나님 앞에서 하나님을 바라보며 서 있는 시간이기 때문이다. 나는 이 시간을 코람데오 스틸니스(Coram Deo Stillness)라고 부른다. 잠잠히 기다리는 훈련은 현대를 살아가고 있는 우리 모두에게 필요하다고 본다.

선크림과 기도 시간

호주는 햇빛이 유난히 강렬하다. 공원에서 무술 수련을 하거나, 그 외에 이유로 자외선에 많이 노출되는데도 끈적거리는 감촉이 싫어서 선크림을 바르지 않다가 각막화상의 쓴맛을 본 뒤 이제는 선글라스를 쓴다. 자외선 차단 강도에 따라 선크림도 종류가 있는 것으로 안다. 선크림은 자주 바르는 것이 중요하다고 들었다. 선크림을 자주 발라야 하는 이유는 피부가 강한 자외선에 견디지 못하기 때문일 것이다. 피부가 약한 사람이라면 더욱 자주 발라야 한다.

　　기도도 마찬가지이다. 더 자주 기도하는 것은 다른 사람보다 약한 영적 피부를 가졌기 때문이다.[4] 쉽게 말하면, 보다 세상적이기 때문이다. 지난 경험으로 보았을 때, 하나님께 기도를 드리거나 말씀을 묵상하면 그 효과가 몇 시간 정도 지속되다가 사라진다. 은혜가 지속되지 않는다는 말이 아니라 의식이 지속되지 않는다는 말이다. 즉 오전에는 영적 민감성을 가지고 있다가 오후가 되면 하나님을 잊고 세상 사람들과 똑같이 된다는 것이다. 골방 기도 시간이 확보되지 않자 내가 완전히 세상적인 사람이 되는 것을 경험했다. 나 같은 사람은 영적 피부가 안 좋기 때문에 선크림을 자주 발라야 한다. 쉬지 않고 발라야 한다(살전 5:17). 자기 피부가 좋은지 안 좋은지는 본인이 알고 있으므로 각자가 하나님 앞에서 결정할 일이다.

주님의 손길

아픈 분들의 회복을 위한 기도 모임을 인도할 때 1시간이 주어졌다면 20분은 체조를 한 뒤 나머지 40분을 기도에 집중한다. 공부를 잘하려면 기도도 해야 하겠지만 일단 공부를 열심히 해야 하기 때문이다. 공부를 안 하면서 시험 잘 치게 해 달라는 기도나 과로하면서 건강을 지켜 달라고 기도하는 것은 잘못된 것이다. 매일 밤 야식을 먹으면서 건강을 지켜 달라고 기도하는 것은 옳지 않다. 실제 삶과 기도가 분리되면 응답을 받을 수 없다. 자연의 법칙 또한 하나님께서 만드셨기 때문이다.

　　우리는 아플 때 하나님께 아뢴다. 치유의 결과는 하나님의 뜻에 달려 있고, 하나님의 큰 그림에 포함되어 있기 때문에 치유가 되든 안 되든 하나님의 뜻대로 이루어지면 감사할 일이다. 그런데 적지 않은 분들이 치유기도를 드린 순간 치유되어야 한다고 믿고 있다. 물론 그럴 수 있다. 그러나 하나님께서는 의사를 통해서도 치유하신다. 하나님께서는 직접 고쳐 주실 때도 있고, 의사를 통해서 고쳐 주실 때도 많다. 기도해서 두통이 나으면 감사드리면서도 약을 먹고 나으면 하나님께서 치유해 주셨다는 감사를 드리지 않는다. 하나님께서는 사람을 통해서 일하시는 경우가 대부분이라는 사실을 모르기 때문이다. 의사 본인이 인정하든 인정하지 않든 하나님의 도구로 의사가 사용되고 있다는 사실은 분명하다. 그러므로 아파서 간구드릴 때 의사를 통하지 않고 치유해 주실 때도 있고, 의사를 통해서 치유해 주실 때도 있음을 인정해야 한다.

주님의 음성

하나님께서는 기도 중에 또는 성경을 통해 직접 말씀하시지만 사람을 통해서 말씀하시는 경우가 많다. 약 없이 치유되는 것만 하나님의 치유라는 고백이나 오직 기도와 성경을 통해 들리는 음성만 하나님의 음성이라는 고백은 둘 다 잘못이다.

　　우리가 드린 간구나 질문 등 많은 기도에 하나님께서는 열심히 답하고 계신다. 하나님께서는 기도를 통해 말씀하신다. 성경을 통해 말씀하신다. 그리고 사람을 통해 말씀하신다. 이 사실을 알 때 하나님께서 사소한 것까지 돌보신다는 사실과 우리 삶에 얼마나 깊숙이 관여하시는지 알게 된다. 대언의 은사를 받은 사람을 통해서만 하나님께서 말씀하신다거나 오직 성경을 통해서만 하나님께서 말씀하신다는 것은 잘못이다(물론 특별계시가 성경 외에 주어진다는 말은 아니다).

　　오늘의 삶을 지켜 주시길 바란다고 새벽에 기도를 드렸다고 해보자. "내가 지켜 주마"라는 응답은 없었다 하자. 아침 식사를 하고 출근을 할 때 아내가 "오늘 추우니까 단단히 입고 나가세요. 비가 오니까 운전할 때 조심해요"라고 했다 하자. 새벽에 드린 기도의 응답으로 하나님께서 아내를 통해 말씀하셨을 가능성이 크다. 그런데 남편이 버럭 화를 낸다. "간섭 좀 하지 말라고…… 내가 무슨 애냐고!" 아내의 말이 하나님의 음성이 아닐 수도 있지만 음성일 수도 있다. 만약 하나님의 음성이라면 이건 심각한 일이다. 그리고 다음 날 또 기도를 드린다. "하나님! 오늘 하루도 건강을 지켜 주시고 모든 위험에서 구하소서." 그리고 집에 와서 온종일 누워 있는데 아내가 이런 말을 한다. "오늘 같이 걸을까요. 하루에 30분 이상 걷지 않으면 장이 운동을 못해 건강에 문제가 생긴다고 하는데 장이 운동을 못하면 간에도 무리가 와요." 이 말은 아침에 드렸던 기도에 대한 하나님의 음성일 수 있다. 그런데 "제발 귀찮게 하지 마. 오늘 휴일인데 잠 좀 자자고"라고 반응한다. 그리고 기도드릴 때는 "주님의 음성에 따르는 삶을 살게 하소서" 기도드린다. 다음 날 또 기도를 드린다. "오늘도 제 삶을 주장해 주십시오. 주님은 나의 주님이십니다. 저의 사소한 것까지 간섭해 주십시오." 그리고 그날 거래처 사람을 만난다. 그 거래는 다시 생각해 보라고 지인이 조언해 주었다. 그런데 "이 분야는 내가 전문이니 간섭하지 마세요"라고 한다. 만약 하나님께서 지인을 통해 말씀하셨다면 어찌할 것인가? 나중에 잘못되면 하나님을 원망할 것인가? 의사와 약을 통해 고치시는 하나님을 인정하지 않는 것처럼 사람을 통해 말씀하시는 하나님을 인정하지 않는 모습이다. 선포되는 하나님의 말씀은 목회자들을 통해 들을 수 있다. 그런데 우리 삶의 소소한 부분은 사람을 통해 하나님의 간섭하심을 들을 수 있다.

과로하지 말라는 말을 주위에서 자주 듣는다면 하나님께서 사람들을 통해 계속하시는 말씀일 가능성이 매우 크다. 그런 말은 심각하게 받아들여야 한다. 그 말을 무시한다고 하나님께 미움받는 일은 없겠지만 자연법칙의 결과를 받을 수밖에 없다. 이 세상 법칙이 하나님의 주권 아래 있기 때문에 모든 일을 뿌린 대로 거두는 것은 아니다. 그러나 대부분은 자연 법칙의 지배를 받게 된다. 주위 사람을 통해 말씀하시는 하나님을 알게 될 때, 하나님께서 사소한 부분까지 인도하신다는 사실을 알게 되는 것이다.

여기서 몇 가지 정리하고 싶다. 주위에서 들리는 모든 말이 하나님의 음성은 아니다. 사탄의 음성일 수도 있고, 그냥 사람의 음성일 수도 있다. 그렇다면 분별해야 하는데, 분별하려면 하나님의 음성을 분별할 수 있는 안테나를 세워야 한다. 그것은 성경 말씀을 읽고 생각하는 데서 얻어진다. 성경이 잣대가 되기 때문이다.

또 한 가지 중요한 것은 겸손이다. 겸손해야 사람을 통해 말씀하시는 하나님의 음성을 들을 수 있다(잠 29:1). 하나님께서는 우리가 대수롭지 않게 여기는 사람들을 통해 말씀하실 때가 많다. 특히 남편은 아내의 말을 통해 하나님의 음성을 들을 수 있다는 사실을 알아야 한다. 자녀를 통해 하나님의 음성을 들을 수도 있다. 사장의 경우 말단 직원의 입을 통해 하나님의 음성을 들을 수도 있다. 목회자의 경우 전도사나 평신도의 입을 통해 하나님의 음성을 들을 수 있다. 교사의 경우 제자의 입을 통해 하나님의 음성을 들을 수 있다. 다윗은 자신을 향해 던지는 시므이의 저주까지 하나님의 음성일 가능성을 열어 놓았다(삼하 16:5-14). 이것이 다윗의 영성이다. 겸손하지 않으면 하나님의 음성을 들을 수 없다. 오히려 하나님의 음성이 자신을 통해서 전해진다고 주장하는 사람의 말은 하나님의 음성이 아닐 가능성이 매우 높다.

자기 귀에 즐거운 말만 골라서 듣거나 혹 반대로 칭찬과 위로는 다 사탄의 음성이라고 여기는 것은 둘 다 잘못되었다. 분별력이 수반된 상태에서 귀를 열고 사람의 말을 경청해야 한다. 하나님의 음성인지 아닌지 의심스러운 부분은 기도의 자리에 가서 여쭈어야 한다. 반복되어 들리는 사람의 말을 가지고 기도의 자리에 나갔을 때, 하나님께서 귀찮아하시지 않고 분명하게 해주신다는 사실은 우리에게 큰 기쁨을 안겨다 준다.

영안이 열리기를

예전에 많이 잡히던 명태를 이제는 동해에서 찾을 수가 없다. 아이들이 그 이유를 묻길래 나는 동해의 수온이 올라가면서 생긴 현상이라고 설명했다. 물고기 씨가 마르는 것은 자연 현상이다. 그것이 상식적이다. 그러나 영의 눈을 뜨면 우리의 죄악 때문이라는 것을 알 수 있다. 아이들에게 설명한 후 에베소서를 읽으려고 했다. 에베소서는 신약에 있는데 왼손에 컵을 들고 있어서 오른손으로 펴다가 호세아서가 나왔다. 그리고 갑자기 책 하단에 있는 본문이 눈에 들어왔다. 영적 눈을 뜨라는 내적 외침과 더불어 다음 구절이 눈에 들어왔다.

이스라엘 자손아, 주님의 말씀을 들어라. 주님께서 이 땅의 주민들과 변론하신다. "이 땅에는 진실도 없고, 사랑도 없고, 하나님을 아는 지식도 없다. 있는 것이라고는 저주와 사기와 살인과 도둑질과 간음뿐이다. 살육과 학살이 그칠 사이가 없다. 그렇기 때문에 땅은

탄식하고, 주민은 쇠약해질 것이다. 들짐승과 하늘을 나는 새들도 야위고, 바다속의 물고기도 씨가 마를 것이다(호 4:1-3).

회복하려면 반드시 회개해야 한다. 회개는 독이 되는 것들을 끊는 것이다. 회개 없이는 회복도 없다. 예수님께서 지상사역을 시작하실 때 회개하라는 외침이 이 시대에도 울려 퍼지고 있다. 어떤 나라에 홍수나 태풍이 닥치면 그 나라 사람들이 예수를 믿지 않아서, 죄가 많아서 그렇다고 해석하는 사람들이 있다. 이 얼마나 참담한 해석인가? 그 나라 사람들에게 그런 일이 일어난 것은 바로 우리 모두의 죄 때문이다. 지은 죄에 따라 이 땅에서 심판을 받는다면 나는 이미 이 세상 사람이 아니다. 그렇다면 우리가 죄를 지었는데 다른 사람들에게 끔찍한 사건이 일어날 때 하나님이 불의하다고 생각하는가? 나도 이 문제에 대해 하나님께 묻고, 유명한 신학자들이 쓴 책들도 보았다. 그런데 읽어도 잘 이해되지 않았다. 어느 날 밤, 잠이 들기 전 하나님께서 내 수준에 맞추어 깨닫게 해주셨다.

어느 학교에서 캠프를 갔다. 캠프장에는 넓은 방이 있었고, 그 방에서 학생들이 잠을 자게 되었다. 문제가 있었다. 모기가 너무 많았던 것이다. 선생님은 학생들이 모기에 물리지 않도록 모기장을 쳐주셨다. 그래도 불안하셨는지 전자 모기향까지 피워 주셨다. 선생님께서는 학생들에게 자기 전에 화장실에 다녀오고 모기장 안에서 자라고 하셨다. 그런데 한밤중에 어느 학생이 모기향 냄새가 싫다고 모기향을 꺼버리고, 모기장도 답답하다고 치워 버렸다고 하자. 게다가 덥다고 창문까지 열어 놓았다. 그날 새벽, 대부분 학생들이 모기에 물렸다. 이 상황을 만든 학생은 모기에 안 물렸는데 잠자고 있던 다른 학생들이 모기에 물린 것이다. 잘못한 학생은 따로 있는데 엉뚱한 학생들이 모기에 물렸다. 여기서 선생님의 불의를 논할 수 있는가? 선생님이 오시면 선생님 말씀을 듣지 않은 학생은 책임을 져야 할 것이다. 하나님께서는 지구 전체를 하나의 공동체로, 한 가족으로 만드셨다. 이는 내가 저지른 잘못의 결과가 이웃에게 임할 수 있다는 것이다. 이것에 대해 하나님의 불의를 논할 수 없다.

아내가 흰색 옷들만 세탁기에 넣어 빨래를 돌렸다. 나는 막내가 입었던 핑크색 바지가 바닥에 굴러 다니길래 별 생각 없이 세탁기에 넣었다. 세탁기 안에 내 옷은 없었다. 세탁기는 돌아갔고, 아내와 아이들의 흰 옷에 분홍색 물이 들었다. 잘못은 내가 했는데 나에게는 피해가 없었고 아이들과 아내 옷만 피해를 입었다. 이때에 나와 한 집에 살게 하신 하나님을 아내나 아이들이 원망하겠는가?(물론 내가 잘했다는 말이 아니다.)

성경은 신비한 책이다. 하나님의 말씀이 살아서 역동적으로 움직이고 있다. 시대마다 66권 중 특정 책이 일어나서 우리에게 외친다. 종교개혁 시대에는 로마서를 중심으로 65권이 일어났다. 현 시대는 선지서를 중심으로 회개를 외치고 있다. 그런데 로마서(정확하게는 이신칭의)에만 묶여 예레미야, 호세아의 외침을 듣지 못하는 분들이 많다. 로마서가 중요하지 않다는 말이 아니라 지금 부르짖는 하나님의 음성을 듣자는 것이다. 현재 이 땅을 덮은 아픔은 하나님의 눈물 어린 호소이다.

자아가 죽어야

상식을 존중하지 않으면 잘못된 신비주의에 빠진다. 반대로, 상식에 묶이면 인본주의적 신앙관, 자유주의 신학에 빠진다. 무엇보다 자아가 굳어진다. 자기 상식에 벗어난 하나님의 말씀은 인정하지 않기 때문이다. 자신이 듣고 싶은 말만 듣게 된다. 자기의 상식, 이성이 하나님 말씀 위에 자리 잡기 때문이다.

어부였던 베드로는 밤새도록 고기를 잡으려 애썼지만 한 마리도 잡지 못했다. 예수님께서는 "깊은 곳으로 가서 그물을 내려 고기를 잡으라" 말씀하셨고 베드로는 예수님의 말씀에 바로 순종한 뒤, 그물이 찢어질 정도로 고기를 잡게 된다(마 4:18-22, 막 1:16-20, 눅 5:1-11) 이 이야기는 우리가 구해야 할 중요한 기도 제목을 주고 있다. 바로 자아의 죽음에 대한 간구다.

베드로는 어부다. 예수님은 목수(석수)다. 목수가 어부에게 물고기 잡는 법을 가르쳐 주었다. 게다가 그 방법이라는 것도 상식에서 벗어났다. 물고기가 없는 시간대에, 물고기가 모이지 않는 깊은 데로 가서 그물을 던지라는 조언이었다. 그러나 베드로는 순종하였다.

이러한 순종을 누가를 통해서도 볼 수 있다. 사도행전 20장 9절을 보면 한 청년이 바울의 강론을 듣다가 졸음을 이기지 못해 결국 3층에서 떨어져 죽는 이야기가 나온다. 이때 청년의 죽음을 진단한 사람은 누가였다. 누가는 누가복음과 사도행전을 기록했는데, 그는 의사였다. 누가는 분명히 청년이 죽었다고 진단했는데 의사가 아닌 바울이 "떠들지 말라 생명이 그에게 있다"(행 20:10)라고 상식에서 벗어난 말을 하였다. 이때 누가는 바울의 말에 아무런 토를 달지 않는다. 하나님과 함께하는 사람으로 바울을 알고 있었기에 자신의 지식과 상식까지 내려놓았던 것이다. 상식에서 벗어나야 한다는 말이 아니라 상식에 묶여서는 안 된다는 것이다. 결국 바울은 주님의 도우심으로 죽은 청년을 살려 내게 되고 누가는 엄청난 기적을 직접 목격하게 된다.

베드로는 취미로 물고기를 잡는 사람이 아닌, 직업 자체가 어부였다. 물고기를 잡는 분야에서 정확한 지식과 판단력을 가지고 있었다. 예수 그리스도께서는 베드로의 그 부분을 건드리신 것이다. 즉 베드로의 고정관념, 판단력, 신념, 상식 등이 단단하게 얽힌 자아를 깨뜨리기 위해 하신 말씀이었다. 자아를 깨뜨리지 않고는 예수 그리스도의 제자가 될 수 없기 때문이었다. 제자가 되면 회복은 시작된다.

소중한 회복의 자리

교회에서 예배드리는 시간은 소중하다. 하나님 앞에 성경을 펴서 말씀을 듣는 시간은 소중하다. 하나님의 품 안에 있는 기도의 시간은 소중하다. 필자는 이러한 시간이 소중하다는 것을 머리로만 알고 있었다. 그런데 하나님께서 깨달음을 주셨다. 만약 당신이 길거리에서 굶주린 개를 보았다고 하자. 그 개의 몸에는 오물이 묻어 있었다. 그리고 병들어 보였다. 그리고 당신에게는 그 개에게 줄 수 있는 먹을 것과 마실 것이 있었다. 당신은 그 개에게 먹을 것과 마실 것을 줄 것이다. 그러나 만지기는 어려울 것이다. 오물이 묻어 있는 데다가 개가 걸린 병이 어떤 병인지도 모르기 때문이다. 그런데 어떤 한 사람이 그 개를 품에 안아다가 자기 침실에 뉘고 쉴 수 있도록 했다. 나라면 그렇게 할 수 없다. 그 개를 불쌍히 여기는 마음이 있고, 마실 물과 먹을 음식을 기꺼이 줄 마음도 있지만, 그 개를 침실에 둘 자신은 없다. 그 개가 아무리 불쌍해도 더러운 개를 내 침실에 두는 것은 쉬운 일이 아니다.

우리는 우리 자신이 깨끗하다고 생각하겠지만 하나님이 보시기에는 그렇지 않다. 하나님 편에서 인간을 보면 앞에 예로 든 오물이 묻고 병든 개보다 훨씬 더 더럽다. 하나님께서는 흠이 하나도 없으신 완전한 분이시기에 우리와 개의 차이보다 하나님과 우리의 차이가 훨씬 더 크다.

하나님께서 우리에게 물질적인 복을 주시는 것은 감사한 일이다. 분명히 하나님의 크신 은혜다. 그런데 우리가 예배를 드릴 수 있도록 해주신 은혜는 우리가 상상할 수 없을 정도로 큰 은혜다. 하나님께서 우리에게 물질적인 복을 주시는 것과 우리에게 예배를 드릴 수 있도록 해주시는 것은 비교될 수 없다. 하나님께서 우리에게 물질적인 복을 주시는 것은 우리가 병든 개가 불쌍해서 물과 음식을 주는 것 이상으로 하나님 입장에서는 어려운 일이 아니다. 그런데 예배의 자리로 인간을 초청하는 문제는 다르다. 하나님께서는 지극히 거룩하신 분이다. 거룩한 자리에 더러운 죄악으로 덮여 있는 불결한 사람을 초청하시는 것은 오물이 묻어 있고 병든 개를 자기 침대 위에 두는 것 이상으로 쉬운 일이 아니다. 아무리 하나님께서 원하신다고 하더라도 인간은 하나님의 빛으로 인해 거룩한 자리에 서면 죽기 때문이다. 그래서 하나님께서는 당신의 아들을 희생시키셔서 그 아들의 피로 죄를 도말하여 주시는 동시에 그 피로 인간이 죽지 않게 감싸 주셨다. 우리가 예배의 자리로 나갈 수 있도록 해주신 것 이다. 예배의 자리는 참된 교제의 자리이기도 하지만 그 자리는 우리의 회복이 이루어지는 자리이기도 하다.

교회에서 예배드리는 것, 성경을 펴서 읽는 것, 기도의 자리에 서는 것…… 이 모든 것이 우리가 상상할 수 없을 정도의 희생과 이해할 수 없는 공의와 사랑으로 이루어진 것이다. 엄청난 대가가 지불되었다는 말이다. 이러한 사실을 안다면 우리는 예배의 자리에 두렵고 떨리는 마음으로 나아갈 수밖에 없다.

중언부언하는 기도

통성 기도를 드리던 중 별안간 이것이 하나님과의 대화가 아닌 일방적인 외침임을 안 적이 있다. 대화를 나눌 때 쉬지 않고 이야기를 한다면 상대에게 말할 틈을 주지 않을 뿐 아니라, 물리적으로도 불가능하다. 한번 시험해 보면 쉬지 않고 일방적으로 말할 수 없음을 알 것이다. 그런데 통성 기도를 할 때는 가능하다. 왜 그럴까? 내가 드리는 기도를 점검해 보았다. 기도가 끊어지지 않도록 '아버지' 등 몇 단어를 반복적으로 사용하고 있었다. 했던 말을 무의미하게 반복했다. 간절함 때문에 반복하는 것이 아니었다. 물론 간절함 때문에 내용이나 특정 단어를 반복할 수는 있다. 간절함 때문에 반복되는 기도를 중언부언이라고 할 수는 없다. 그러나 내 경우는 기도가 끊어지지 않도록 학습된 테크닉이었다. 평소에 들었던 기도문도 많이 사용했다. 기도문의 의미를 생각하지 않고 사용했다. 성경에 내 문제를 지적하는 구절을 이후에 발견했다.

주님께서 말씀하신다. 이 백성이 입으로는 나를 가까이하고, 입술로는 나를 영화롭게 하지만, 그 마음으로는 나를 멀리하고 있다. 그들이 나를 경외한다는 말은, 다만, 들은 말을 흉내 내는 것일 뿐이다(사 29:13).

생각 없이, 학습된 대로 기도드리는 내 모습을 드러내는 구절이 또 있었다.

주님께서 그들을, 나무를 심듯이 심으셨으므로, 뿌리를 내리고 자라며, 열매도 맺으나, 말로만 주님과 가까울 뿐, 속으로는 주님과 멀리 떨어져 있습니다(렘 12:2).

우리는 당연히 상대방이 앞에 있다는 사실을 의식하면서 대화를 나눈다. 그런데 나는 하나님께서 앞에 계신다는 사실을 종종 망각한 채 기도를 드린 것이다. 그 때문에 중언부언했다. 앞서 말했듯 반복 자체가 중언부언은 아니다. 나도 무술을 가르칠 때 "힘 빼세요"라고 수련자의 귀에 못이 박이도록 반복해서 이야기한다. 이것을 중언부언이라고 하지는 않는다. 그런데 상대방이 앞에 있음에도 의식하지 않고 자기 마음대로 이야기하면 중언부언이 될 수밖에 없다.

통성 기도에 문제가 있다는 것은 아니다. 통성 기도를 드릴 때 말이 끊이지 않게 무의미한 말을 계속했다는 문제점을 말하는 것이다. 하나님을 의식하지 않고 생각 없이 입만 움직였다는 잘못을 이야기하는 것이다. 기도는 하나님을 의식하면서 말을 아껴 가며—말을 적게 한다기보다 단어를 하나하나 선별해 가며 조심스럽게—진실하게 드려야 한다. 말은 소중한 그릇이다. 그 그릇에 자신의 생각을 고이 담아 하나님께 드려야 한다.

> 하나님 앞에서 말을 꺼낼 때에, 함부로 입을 열지 말아라. 마음을 조급하게 가져서도 안 된다. 하나님은 하늘에 계시고, 너는 땅 위에 있으니, 말을 많이 하지 않도록 하여라(전 5:2).

> 말이 많으면 빈말이 많아진다. 많은 말이 사람에게 무슨 도움을 주는가?(전 6:11)

하나님의 공의

'정직하면 손해 본다'는 말을 자주 듣는다. 나 역시 그렇게 생각하고, 그렇게 말하고 돌아다녔다. 그런데 하나님께서 이런 말씀을 보게 하셨다.

> 너희는 말로 나 주를 괴롭혔다. 그런데도 너희는 '우리가 어떻게 주님을 괴롭게 해 드렸습니까? 하고 묻는다. 너희는 '주님께서는 악한 일을 하는 사람도 모두 좋게 보신다. 주님께서 오히려 그런 사람들을 더 사랑하신다' 하고 말하고, 또 '공의롭게 재판하시는 하나님이 어디에 계시는가?' 하고 말한다(말 2:17).

이어서 말라기 3장 13-18절 말씀도 보았다.

너희가 불손한 말로 나를 거역하였다. 나, 주가 말한다. '우리가 무슨 말을 하였기에, 주님을 거역하였다고 하십니까?' 하고 너희는 묻는다. 너희가 말하기를 '하나님을 섬기는 것은 헛된 일이다. 그의 명령을 지키고, 만군의 주 앞에서 그의 명령을 지키며 죄를 뉘우치고 슬퍼하는 것이 무슨 유익이 있단 말인가? 이제 보니, 교만한 자가 오히려 복이 있고, 악한 일을 하는 자가 번성하며, 하나님을 시험하는 자가 재앙을 면한다!' 하는구나. 그때에 주님께서는, 주님을 경외한 사람들이 서로 주고받는 말을 똑똑히 들으셨다. 그 가운데서도 주님을 경외하며, 주님의 이름을 존중하는 사람들을 당신 앞에 있는 비망록에 기록하셨다. 나 만군의 주가 말한다. 내가 지정한 날에, 그들은 나의 특별한 소유가 되며, 사람이 효도하는 자식을 아끼듯이, 내가 그들을 아끼겠다. 그때에야 너희가 다시 의인과 악인을 분별하고, 하나님을 섬기는 자와 섬기지 않는 자를 비로소 분별할 것이다.

주님은 지금까지 내가 했던 말들이 주님을 모독했다는 사실을 깨우쳐 주셨다.

드디어 예루살렘이 넘어지고 유다는 쓰러진다. 그들이 말과 행동으로 주님께 대항하며, 하나님의 영광스러운 현존을 모독하였기 때문이다(사3:8).

주님께서는 계속해서 말씀을 주셨다.

정직한 사람은 성실하게 살아, 바른 길로 가지만, 사기꾼은 속임수를 쓰다가 제 꾀에 빠져 멸망한다(잠 11:3).

악한 자들이 잘 된다고 해서 속상해하지 말며, 불의한 자들이 잘 산다고 해서 시새워하지 말아라. 그들은 풀처럼 빨리 시들고, 푸성귀처럼 사그라지고 만다(시 37:1-2).

내 생각과 달리, 실제는 그렇지 않다고 말씀하시는 음성이 담겨 있었다. 그래도 현실은 그렇지 않다는 생각에 화가 났다. 그런데……

노여움을 버려라. 격분을 가라앉혀라. 불평하지 말아라. 이런 것들은 오히려 악으로 기울어질 뿐이다. 진실로 악한 자들은 뿌리째 뽑히고 말 것이다. 그러나 주님을 기다리는 사람들은 반드시 땅을 물려받을 것이다(시 37:8).

의인이 이 땅에서 한 대로 보상을 받는데 죄인이 그 값을 치르지 않겠는가?(잠 11:31)

의로우신 하나님은 악인의 집을 주목하시고, 그를 재앙에 빠지게 하신다(잠 21:12).

성경이 그렇다고 하는데 더 이상 무엇을 말할 수 있을까? 다시는 이런 말을 입 밖에 내지 않아야겠다고 생각했다. 그러면 주님께서는 무엇을 원하신다는 말인가? 며칠 후 또 말씀이 보였다.

> 나 주가 말한다. 지혜 있는 사람은 자기의 지혜를 자랑하지 말아라. 용사는 자기의 힘을 자랑하지 말아라. 부자는 자기의 재산을 자랑하지 말아라. 오직 자랑하고 싶은 사람은, 이것을 자랑하여라. 나를 아는 것과 나 주가 긍휼과 공평과 공의를 세상에 실현하는 하나님인 것과, 내가 이런 일 하기를 좋아한다는 것을, 깨달아 알 만한 지혜를 가지게 되었음을, 자랑하여라. 나 주의 말이다(렘 9:23-24).

주님께서는 이 땅에 긍휼과 공평과 공의를 세상에 보이시는 하나님이시며, 그런 일 하기를 좋아하시는 분이다. 그런데 나는 이것을 알 만한 지혜가 없어서 그냥 순종하는 마음으로 원하시는 고백을 하기로 했다. 많은 시간이 흘러, 신문을 보면서 "세상이 왜 이러나" 하다가 불현듯 깨달았다. 그동안 인터넷과 방송을 통해 드러난 죄악을 보고 불의가 넘쳐난다 생각했는데, 다시 보니 어둠 속에서 몰래 저질렀던 죄악들을 하나님께서 대중매체를 통해 세상에 드러내신 것이었다. 그리고 공권력을 사용하셔서 처벌하신 것이었다. 몰래 넘어갈 일들이 낱낱이 드러나 법정에 선 것은 결국 하나님께서 지금도 공의를 세우시고 계심이 드러난 일이었다.

성경은 이 땅에서 악인이 끝까지 형통한다고 말하지 않는다. 악인은 망한다고 선포하고 있다.

> 하나님이, 마음에 드는 사람에게는 슬기와 지식과 기쁨을 주시고, 눈 밖에 난 죄인에게는 모아서 쌓는 수고를 시켜서, 그 모은 재산을

하나님 마음에 드는 사람에게 주시니, 죄인의 수고도 헛되어서 바람을 잡으려는 것과 같다(전 2:26).

선한 사람의 유산은 자손대대로 이어지지만, 죄인의 재산은 의인에게 주려고 쌓은 것이다(잠 13:22).

높은 이자로 재산을 늘리는 것은, 마침내 가난한 사람들에게 은혜로 베풀어질 재산을 쌓아 두는 것이다(잠 28:8).

떨어지려고 올라가는 사람을 보고 형통하다, 잘된다고 생각하는 것은 어리석다. 그런데 떨어지려고 올라가는 사람의 뒤를 좇는 사람들이 많다. 자신이 정직하기 때문에 물질적으로 어렵게 산다고 말하는 이들이 있다. 얼마나 황당한 말인가? 그렇다면 사기 치면 돈을 벌 수 있는가? 사기 치면 감옥에 간다. 사기를 쳐도 감옥에 가지 않는 사람들은 아직 회개할 기회가 주어졌기 때문이다. 회개하지 않으면 어떠한 형태로든 열매를 먹게 되어 있다. 세상이 악하다 하지만 세상이 지옥으로 바뀌지는 않고 있다. 그것은 어떤 강력한 '의'가 '불의'를 막고 있다는 증거다.

"여기까지는 와도 된다. 그러나 더 넘어서지는 말아라! 도도한 물결을 여기에서 멈추어라!" 하고 바다에게 명한 것이 바로 나다(욥 38:11).

죄악이 이 세상을 완전히 덮어 버릴 것 같지만, 죄를 지으면 여전히 감옥에 가고, 많은 사람들을 고통으로 몰아넣은 사람들은 결국 대가를 지불한다. 하나님의 구원만이 아니라 심판도 이미와 아직의 긴장 상태에 있다고 생각한다. 하나님의 사랑으로 말미암아 구원이 이미 시작된 것처럼 하나님의 공의로 말미암아 심판도 이미 시작되었다.

명확한 간구

지인 중에 한 분은 자녀가 무엇을 원할 때 "네가 그것을 원하는 이유가 무엇인지 분명하게 네 생각을 말해라"라고 요구한다. 그때 자녀가 "친구들도 다 가지고 있어요" 또는 "그냥"이라고 답하면 그 요구는 단호하게 거절된다. 그러나 분명한 대답을 가지고 있으면, 그것이 자녀에게 해가 되지 않는 한 자녀의 요구를 들어준다고 했다. 하나님께 간구할 때 우리의 생각을 분명하게 하나님께 아뢸 수 있어야 된다.

나는 간구를 드릴 때 내 생각을 하나님께 분명히 말씀드린 적이 없음을 알게 되었다. 기도드릴 때 자꾸만 "~을 주세요"라고 기도하지 말라고 가르치시는 목사님이 계신다. 하나님과의 교제나 순종에는 관심이 없고 자신의 뜻을 위해 하나님을 이용하려는 잘못된 태도에 대한 지적으로 보인다. 자신의 뜻을 하나님의 뜻보다 앞세우는 것은 분명 잘못된 기도다. 그렇다고 간구하는 기도 자체를 아예 못하게 하는 것은 문제이다.

간구하는 기도는 우리가 피조물임을, 그러나 하나님의 자녀임을 고백하는 것이다. 하나님께 간구 기도를 드릴 때 왜 간구를 드리는지 자신의 생각을 분명하게 아뢸 수 있어야 한다. 이것은 자신이 필요한 것을 구체적으로 낱낱이 구하는 것과 다르다.

"이러한 이유 때문에 제가 간구합니다"라고 분명하게 말씀드릴 수 있어야 한다. 이러한 태도가 하나님을 설득시키려는 것일 수도 있지만 자신의 뜻을 관철시키려는 것과는 다르다. 하나님께서는 우리 속마음도 알고 계시지만 하나님께 분명하게 의사를 아뢸 수 있어야 한다. 하박국 선지자도 '유다가 하나님께 벌을 받아야 마땅하지만 어떻게 불의한 바벨론을 통해 하나님의 벌을 받을 수 있습니까?'라며 자신의 생각을 말씀드렸고, 모세 역시 어떻게 의인이 악인과 함께 멸망당할 수 있느냐고 하나님께 자신의 생각을 분명하게 말씀드렸다. 이렇게 분명하게 우리의 의사를 아뢴다고 해서 하나님께서는 말대답한다고 분노하시지 않는다. 오히려 자신의 생각을 분명하게 아뢰면 기도가 욕심으로 흘러가는 것도 확인할 수 있다.

예를 들면 사업이 잘되게 해달라고 하나님께 간구드릴 수 있다. 이때 하나님께서 사업을 잘되게 해주셔야 되는 이유를 조목조목 아뢸 수 있어야 한다. 단순히 하나님의 영광을 위해서라고 얼버무리면 안 된다. 하나님의 영광을 위해서 왜 사업이 잘되어야 하는지 말씀드릴 수 있어야 한다. 그러기 위해서는 하나님의 영광에 대한 의미도 알고 있어야 한다. 이렇게 하나님께 조목조목 말씀드리다 보면, 결국 하나님의 영광보다 자기 욕심을 채우기 위해서라는 사실이 드러나게 된다. 그러면 간구 기도가 회개 기도로 바뀐다.

하나님께 분명하게 생각을 보여 드리기 위해서는 말도 또박또박 분명하게 해야 한다(꼭 큰 소리로 해야 한다는 말은 아니다). 말을 또박또박 하는 것과 자신의 생각을 분명하게 보여 드리는 것은 큰 관련이 있다. 침묵기도를 드릴 때에는 마음속으로 말을 분명하게 하면서 기도를 드린다. 하나님께 자신의 생각을 분명하게 말씀드리게 되면 중언부언하지 않게 된다. 자신도 이해가 되지 않는 무의미한 말을 끊임없이 되뇌는 일도 없어지게 된다. 중언부언하는 기도는 자신이 무엇을 원하는지, 무엇을 생각하고 있는지도 모르게 만든다.

명확한 기도를 드리기 위해서 평소에 성경을 많이 읽어야 한다. 하나님의 성품, 약속에 근거하여 자신의 생각을 분명하게 기도드리는 것이 유익하기 때문이다. 하나님을 알아야 기도도 분명하게 드릴 수 있다. 한 구절을 가지고 기도할 때는 전후 문맥을 살펴 그 구절이 이해된 상태에서 하나님께 드려야 한다. 성경을 많이 암송하는 분들은 암송한 구절의 도움을 받는 것이 좋다.

믿음의 회복

이 땅에서 하나님께 훈련받을 것이 있다. 바로 '믿음'이다. 예수 그리스도를 영접한 순간부터 삶이 다할 때까지 믿음이 훈련되어야 한다. 인간이 선악과를 먹은 후 먼저 파괴된 것이 '믿음'이었기 때문이다. 아담과 하와가 선악과를 따먹는 순간 죄가 시작되었다고 보통 이해한다. 또는 사탄의 유혹을 통해 죄가 시작된 것으로 이해하기도 한다. 그러나 죄의 시작은 선악과를 먹으면 죽는다는 말씀을 믿지 못한 불신이다. 하나님과 같아지고자 하는 교만도 맞물려 있다. 죄는 인간이 하나님의 말씀을 못 믿은 것에서 시작된 것이다. 하나님이 명하셨다. "동산에 있는 모든 나무의 열매는, 네가 먹고 싶은 대로 먹어라. 그러나 선과 악을 알게 하는 나무의 열매만은 먹어서는 안 된다. 그것을 먹는 날에는, 너는 반드시 죽는다"(창 2:16-17).

하나님께서 선과 악을 알게 하는, 즉 판단하여 정죄하는 나무의 열매를 먹으면 반드시 죽는다고 말씀하셨는데 인간이 하나님의 말씀을 믿지 않았던 것이다. 지금까지 어떠한 존재도 하나님 말씀을 의심한 존재는 없었다. 말씀 자체가 실재였기 때문이다. 사탄마저도 하나님의 말씀에 생명과 능력이 있고 어떠한 흠이나 거짓이 없다는 것을 안다. 사탄은 원래 천사였다. 사탄은 하나님의 말씀 자체가 능력이고 진리라는 사실을 분명 알고 있었다. 그래서 사탄은 인간이 하나님의 말씀을 불신하게 만들어 하나님과 인간의 관계를 파괴하고자 했던 것이다. 결과적으로 인간은 하나님의 말씀을 불신함으로 죄를 짓게 되었고 그 죄는 인간을 사망으로 떨어지게 만든 것이다.

선악과를 먹으면 죽는다고 말씀하셨던 하나님께서 예수 그리스도를 통해서 우리가 구원받을 수 있다고 말씀하셨다. 인간은 선악과를 먹으면 죽는다는 하나님의 말씀을 불신했으나 이제는 믿어야 한다. 공중 권세를 잡고 있는 사탄은 예수 그리스도를 통해 영원한 생명을 얻고 동시에 하나님과의 관계가 회복될 수 있다는 믿음을 흔들고 있다. 그리고 그 흔드는 방법은 매우 다양하다. 그러나 이러한 것은 하나님께서 우리의 믿음을 견고하게 하기 위해 허락하시는 일이다. 망가진 믿음을 회복시키시기 위해서다. 성경에는 믿음을 회복시키는 훈련이 가득하다. 그 패턴을 정리하면 이와 같다.

① 인간이 이 땅에서 살아감. → ② 하나님께서 구원(사망에서 생명으로 옮겨진다는 의미. 어려움에서 건짐받는다는 의미가 내포됨)을 약속하심. → ③ 말씀을 믿고 소망을 가지나 상황이 하나님 말씀과

정반대로 감(바랄 수 없는 환경). → ④ 세 가지 반응이 나뉨. 첫째, 하나님의 말씀을 의심하고 떠남. 또는 떠난 후 돌아옴. 둘째, 하나님의 말씀을 온전히 붙잡지 못하고 세상과 양다리를 걸침. 셋째, 약속을 온전하게 붙듦.

하나님의 말씀을 붙잡게 되면 그 과정이 믿음을 회복시키는 시간이 되는 것이다. 성경을 내러티브 관점에서 보았을 때 앞서 언급된 패턴으로 창세기부터 요한계시록까지 다 엮어진다. 우리의 삶도 마찬가지다. 이 세상은 하나님의 말씀을 의심하도록 우리를 흔든다. 때로는 좌절하기도 하고, 실족하기도 한다. 그러나 약속을 붙잡고 견디어 내면 믿음의 뿌리는 더욱더 깊어지게 된다. 이 믿음의 뿌리는 더 큰 고난을 견뎌 낼 수 있는 힘이 되는 것이다. 성경의 이야기는 우리를 통해 계속 진행되고 있다.

3장_ 영 회복의 실천

기도에 대해

기도는 하나님과의 대화, 즉 사귐이다. 이렇게 단순하게 기초를 두면 기도의 의미가 명확히 드러난다. 우리가 나누는 대화를 살펴보면 된다. 예를 들면 지인과 찻집에서 대화를 나눈다. 첫째, 상대가 말한다. 이때 상대의 말을 듣는다. 둘째, 내가 말한다. 이때 상대가 내 말을 듣는다. 그런데 이 두 상황만 있는 것은 아니다. 상대가 말하는 것도 아니고, 내가 말하는 것도 아닌 시간이 있다. 생각하는 시간일 수도 있고, 잠시 커피를 마시면서 그냥 침묵하는 시간일 수도 있다.

기도가 하나님과의 대화라면 혼자 말하는 것만도, 일방적으로 듣는 것만도 아니다. 침묵이 있다. 말하는 것에만 무게를 두면 쉬지 않고 말해야 하는 방향으로 흐른다. 했던 말 또 하고 그러다 할 말이 없으면 어떻게 해서든 할 말을 만들어 낸다. 반대로 하나님의 음성을 듣는 것, 깨달음에 무게를 두면 하나님의 음성이 들리지 않거나 깨달음이 없으면 낙심하거나 절망한다. 그러나 상대와 대화를 나눌 때 잠시 침묵이 흘렀다고 해서 "나를 싫어하나?"라고 생각하는 사람은 아무도 없다. 대화에 침묵이 있듯 기도에도 침묵이 있다. 그리고 침묵 가운데 하나님의 임재가 느껴지기도 한다. 그런데 이러한 상황에만 무게를 두어서도 안 된다. 항상 하나님의 임재가 느껴지는 것은 아니기 때문이다. 계속 "여기가 좋사오니" 하고 있으면 안 된다.

　　　대화에는 심각한 대화가 있을 수도 있고, 일상의 소소한 내용들을 다루는 대화가 있을 수도 있다. 기쁨에 찬 대화도 있고, 감정에 북받치는 대화도 있다. 그밖에 여러 대화가 있다. 이런 대화가 기도에 적용된다. 기도는 하나님과의 대화이기 때문이다.

　　　기도가 왜 어려울까 고민에 빠져 답을 찾고 있던 어느 날. 지인 한 명, 그 지인의 지인 한 명과 나는 커피를 마시고 있었다. 지인이 잠시 전화를 받으러 밖에 나갔다. 지인의 지인과 잠시 둘만 있게 되자 어색한 분위기가 흘렀고 그분에 대한 정보가 없었기 때문에 관심 가질 만한 주제를 찾을 수가 없었다. 그때 깨달았다. 상대에 대해 알지 못하면 깊은 대화는 물론 가벼운 이야기도 할 것이 없다는 것을……. 마찬가지로 성경을 모르면 하나님을 깊이 알기 어렵다. 알지 못하는 분과 대화를 나눈다는 것은 어려운 일이 될 수밖에 없다.

걸으면서 기도하기

예수님과 제자들은 전도, 선교, 순례 등의 이유로 엄청난 거리를 걸었다. 현대 의학은 감정 조절의 열쇠가 세로토닌임을 알아냈다. 특히 세로토닌은 전두전야의 조절 능력을 키우는 데 결정적 역할을 한다.[5] 그런데 '세로토닌 결핍 증후군'에 시달리는 사람들이 의외로 많다고 한다. 이것이 오늘날 한국 사회의 정신병리를 만드는 원흉이라고 이시형 박사는 진단하고 있다. 이시형 박사는 기분 좋게 걸을 때 세로토닌이 활성화된다고 한다.[6] 그렇다면 전도, 선교, 순례 때 걷는 행위가 마음의 회복과도 관련이 있다는 말이다. 걷는 행위가 단순히 육체적 건강에 한정되지 않는다는 것을 시사한다.

야외에 나가서 걷기

걸으면서 하나님께 기도를 드리는 행위는 오래전부터 존재했다. 내게도 걸으면서 하나님께 기도드리게 된 계기가 있었다. 호주에 와서 견디기 벅찬 시기가 있었는데 당시 어찌해야 될 바를 몰랐다. 기도를 드리려고 해도 답답해서 가만히 있는 것 자체가 힘들었다. 마음이 불안해서 안절부절못했다. 그래서 밖으로 나가 무조건 걸었다. 한참 걸으니 마음이 좀 가라앉았다. 그런 경험을 한 뒤로 걸으면서 기도해야겠다고 생각하고 주기도문을 아홉 부분으로 나누어서 조용하게 읊조리며 기도를 드렸다.

　　　지금은 힘든 일이 닥쳐도 예전처럼 안절부절못하지는 않는다. 그래도 매일 걷는 기도 시간을 가지려고 한다. 걸으면서 기도드리는 것은 산만함을 제거하는 데 매우 효과적이기 때문이다. 적어도 나에게는 그렇다. 걸으면서 기도드릴 때 도고기도(중보적 기도)를 드리면 좋다. 가족부터 시작하여 이웃, 교회 성도들, 본인이 섬기는 교회 목사님 그리고 다른 교회 목사님과 성도들(교단을 넘어서), 지도자들, 나라 그리고 주변 국가들을 위하여(이때 자신이 싫어하는 나라를 제외해서는 안 된다) 점점 확대하며 기도드린다. 종종 하나님께서 기도를 인도하시는 경우도 있다. 나라를 위해 한참 기도드리고 있는데 갑자기 자녀를 잃은 부모들을 위한 기도로 바뀐다. 목사님을 위해 기도드리고 있는데 납치된 사람들을 위한 기도로 바뀔 때도 있다.

실내에서 걷기

비가 오거나 미세먼지가 심하면 밖에 나가기 어렵다. 이때는 실내에서 걸으며 기도드릴 수 있다. 한 평 정도만 있어도 된다. 좁은 곳에서는 걷기보다는 서성거린다는 표현이 맞을 것 같다. 실내에서 걸으며 기도드리는 것은 꼭 산만할 때만 도움되는 것이 아니다. 몸이 차가워질 때도 좋다. 몸이 차가워지면 면역체계가 약해질 뿐 아니라 우울증에 노출될 가능성도 높다. 한자리에 계속 앉아서 기도드리면 몸이 쉽게 차가워질 수 있으므로 왔다 갔다 하며 기도드리는 것이 좋다. 몸이 차가워지면 한곳에 집중하기 어려워진다. 주위에 피해를 주지 않는다면 통성 기도를 해도 좋다. 꼭 고함을 지를 필요는 없고, 자신의 귀에만 들릴 정도로 소리 내어도 상관없다.

말씀으로 기도하기

말씀으로 기도하는 방법은 수많은 믿음의 선배들에 의해 소개된 전통이다. 성경에 기록되어 있는 기도문, 특히 시편을 중심으로 기도하는 방법이 있다. 성경에는 시편 외에도 많은 기도문이 있다. 직접 말씀을 찾아 참고할 수 있다.[7]

말씀으로 기도드리는 또 다른 방법은 성경에서 말하는 '여러분' 또는 '너희'를 '나'로 바꾸어 드리는 기도다.[8] 이렇게 말씀으로 기도를 드리면 무엇보다 하나님의 뜻을 따라 기도할 수 있다는 것이 장점이다. 성경에 기록된 기도를 따라하면서 입에서 마음으로, 마음에서 영으로 옮겨질 때까지 기도해야 한다. 내 경우, 특히 시편으로 기도하면서 영이 회복되었던 경험이 있다. 말씀을 그대로 기도문으로 사용하면 능력이 있다. 한 가지 약점이 있다면 기도하는 내 생각을 하나님께 온전히 드리기 어렵다는 것이다. 하나님께서는 인격적인 교제를 원하신다. 우리 마음에 담긴 것들을 우리의 입을 통해 듣기를 원하신다. 그래서 어린아이처럼 투정도 부리고, 어리광도 부리고, 때로는 웃기도 하고, 울기도 하면서 대화하기를 원하시는 것이다. 심지어 요나가 고집을 부리고, 아브라함이 협상 아닌 협상도 했던 것은 하나님께서 우리를 로봇이 아닌 인격체로서 존중하시기 때문이다.

이런 약점을 넘어서 말씀을 가지고 우리의 생각과 마음을 담아 기도하는 방법은 하나님의 임재를 믿고 성경을 읽으면서(행간의 의미까지) 하나님과 대화를 나누는 것이다. 그것이 전부다. 성경을 읽으면서 다음 절로 넘어갈 때는 하나님께서 무슨 말씀을 하실지 기대하며 읽으면 좋다. 그다음 절이 기도에 대한 응답이 되는 경우도 많기 때문이다. 이렇게 하나님과 대화를 나누며 성경을 읽게 되면 한 구절, 한 구절이 전후 문맥과 분리되지 않게 된다.

하나님께 드리는 솔직한 마음이 가장 중요하다. 또 절대 서두르면 안 된다. 시간에 쫓기듯 읽으면 안 된다. 내용을 이해하기 위해 개관 차원에서 쭉 읽어 가는 것은 상관없지만 몇 독 해야 한다는 부담감이 말씀에 머무르지 못하게 만들 수 있다. 말씀을 그대로 기도문으로 사용하는 것과 말씀을 두고 하나님과 대화를 나누며 기도를 하는 것은 상호보완적이다. 둘 다 권하고 싶은 방법이다.

하나님께서 주신 중요한 기도가 있다. 고백의 기도와 선포의 기도다. 겹치는 부분은 있지만, 고백의 기도는 하나님께 믿음의 고백을 드리는 것이다. 이것은 찬양이다. 틈틈이 하나님께 대한 고백을 입술로 읊조리면 그 유익함은 말할 수 없다. 그 유익함이 매우 크다. 암송을 하면 좋지만 외우지 못해도 상관없다. 말씀을, 하나님의 속성에 대한 찬양을 읊조리는 것이 바로 묵상, 명상이다. 히브리어 단어 '하가'는 우선적으로 하나님 말씀을 조용히 읊조리는 것이다. 그리고 고백의 기도는 말씀으로 하나님께 찬양과 믿음의 고백을 드리는 것이다. 먼저 시편을 읽으면서 하나님을 향한 고백을 찾는다.[9] 따로 기록해 두어도 좋고, 아니면 형광펜으로 표시해도 좋다.

그리고 선포기도가 있다. 자기 자신에게 선포할 수도 있고, 길을 다니며 마음속으로 또는 내 귀에만 들리게 세상을 향해 선포할 수도 있다.[10] 암송이 어려운 사람들은 종이에 적어서 조금씩 나누어 읊조리면 된다. 예를 들어 "내 영혼아, 주님을 찬송하여라. 주님이 베푸신 모든 은혜를 잊지 말아라"(시 103:1-2)에서 처음에는 "내 영혼아, 주님을 찬송하여라!"만 읊조리고 다닌다. 암송해야 한다는 부담감을 가질 필요는 없다. 한 절이라도 주문 외우듯이 하지 말고 간절한 마음으로 정성을 다해 읊조리다 보면 단순한 읊조림이 점점 자신의 영을 울린다.

성경 완독하는 법

저명한 강해설교자 마틴 로이드 존스는 최우선적인 조언이라고 하면서 성경을 체계적으로 읽을 것을 촉구하였다. 로이드 존스는 성경을 이따금씩 여기저기 읽는 것을 대단히 위험한 일로 간주하였다. 성경을 그렇게 읽다 보면 자신이 좋아하는 구절만 읽게 되어 성경 전체를 읽는 일에 실패하기 쉽기 때문이다. 성경이 다른 종교의 경전에 비해 두껍지는 않다고 하지만 한자리에 앉아 읽을 수 있는 양은 아니다. 마라톤이나 철인 3종 경기 우승자들은 쉽게 해낼 수 있는 거리만큼 구간을 나누어 달린다고 한다. 그다음 구간은 생각하지 않는다는 것이다. 그들이 강조하는 것은 구간을 잡을 때 욕심을 내지 않는다는 것이다. 자기 자신이 겨우 해낼 정도의 양이 아닌 충분히 해낼 수 있는 양만 잡는다. 그리고 오로지 그 목표만 생각한다.

무술 수련도 마찬가지다. 검술 수련의 경우 사생활을 다 끊어 버린다면 하루에 기본 베기를 만 번씩 할 수 있을지 모르겠다. 그러나 가족이 있고 개인적인 삶이 있는 사람에게는 하루에 천 번 이상 반복하는 것도 어렵다. 취미로 무술을 하는 사람들은 매일 백 번 정도만 반복해도 되겠지만 검술을 직업으로 하는 사람들은 기본 베기 연습 횟수가 천 번 밑으로 내려가면 도복 벗을 각오를 해야 한다. 이런 분들은 보통 하루에 기본 베기를 3천 번 정도는 해야 한다. 부담되는 양이다. 하루 이틀은 할 수 있겠지만 평생 지속적으로 하기는 어렵다. 이것을 해내는 방법은 자투리 시간을 이용하는 것이다. 즉 한 번에 조금씩 그러나 자주 하는 것이다. 팔굽혀펴기도 한 번에 백 번을 하면 힘들겠지만 틈나는 대로 몇 개라도 하면 하루에 백 번을 할 수 있고, 꾸준히 하면 팔이 강해질 수 있다.

성경을 하루에 2시간씩 읽으면 한 달만에 다 읽을 수 있다고 하여 시도해 본 적이 있다. 그런데 힘든 일이었다. 2, 3일은 가능했다. 하지만 지속하기는 힘들었다. 그렇게 할 수 있는 사람들은 하나님께 감사하면 된다. 그런데 다른 사람에게 그렇게 하라고 강요해서는 안 된다. 모든 사람이 서로 같지 않기 때문이다. 나는 교회에 다닌 지 오래되었지만 성경을 끝까지 제대로 읽어 본 적이 없었다. 하루에 성경을 몇 장 읽겠다는 목표를 세웠지만 그 목표를 달성하지 못할 때가 많았고 그럴 때마다 자책감이 커졌다. 실패가 자꾸 반복되니 거의 포기하는 수준까지 이르렀다. 그러다가 목표를 바꾸었다. '이제부터 세 달간 성경을 읽지 않겠다. 대신 항상 성경을 가지고 다니겠다.' 이 목표는 지킬 수 있을 것 같았다. 성경책은 《현대인의 성경》으로 바꾸었다. 잘 때도 옆에 두었고, 샤워할 때도 옆에 두고, 식사를 할 때도 옆에 두었다. 들고 다니는 것은 좀 생각이 되었지만 매일 지속적으로 읽는 것보다는 쉬울 것 같아서 약속을 지키자는 마음으로 들고 다녔다. 성경책을 들고 길거리를 다니는 것은 창피했다. 그러나 처음 세 달 동안 성경책을 들고 다니겠다는 나와의 약속을 지키자는 마음으로 아이들이 항상 손전화를 들고 다니듯 성경책을 들고 다녔다. 집에서도 반경 1미터 안에 항상 두었다. 그러던 어느 날 지인과 약속이 있어서 맥도날드에 갔다. 역시 성경을 옆에 두고 지인과 이런저런 이야기를 나눴다. 그런데 급한 전화가 와서 지인이 나에게 양해를 구하고는 통화를 하기 시작했다. 나는 잠시 멍하게 있다가 성경을 바라보았다. '읽어 볼까? 안 읽고 들고 다니기로만 했는데…….' 지인의 통화 시간이 길어지자 나는 결국 성경을 폈다. 쉽게 번역된 성경이라서 읽기가 편했다. 그렇게 몇 분 읽다가 지인이 통화가 끝나 다시 성경을 덮었다. 헤어진 뒤 집에 오면서 전철을 탔다. 이왕 읽은 성경인데 내릴 때까지 또 읽자는 생각에 다시 폈다. 그날 성경을 여덟 장이나 읽었다. 엄청난 일이었다. 그래서 그 이후로 계획을 바꾸었다. 그냥 성경을 들고 다니면서 시간이 날 때마다 한 절이라도 읽겠다고. 창피한 것은 어쩔 수 없지만 다른 사람이 내 신앙을 책임질 것도 아니니까 그냥 들고 다니기로 한 것이다.

당시 여유가 많은 것도 아니었다. 새벽 5시에 전철역 안에 있는 가게에서 일을 하려면 4시에는 일어나야 했다. 저녁에는 무술을 가르쳐야 했고 그밖에 여러 할 일이 많았다. 전철 기다리면서, 전철 안에서, 단 몇 절이라도 읽었다. 그런데 놀라운 일이 생겼다. 3개월도 안 되어서 성경을 완독한 것이다. 그래서 그 이후로도 계속 읽었다. 비록 시간을 정해서 말씀을 읽는 신실함은 없었지만 나약한 신앙을 따라 계속 그렇게 했다. 그렇게 《쉬운성경》으로 한 번 읽고, 《새번역》으로 또 한 번 읽었다. 그렇게 번역본을 바꿔 읽다가 나중에는 한 권을 선택해서 읽었다. 하루에 몇 장 읽어야지 하다가 못 읽어서 생긴 죄책감, 자책감은 더 이상 없었다. 주어진 약한 모습대로 살자고 마음을 바꾸니 2개월 만에 성경을 다 읽은 경우도 있었다. 성경을 들고 다니는 것도 더 이상 창피하지 않았다. 또 성경을 가방에 넣어서 갖고 다니며 읽는 것과 들고 다니며 읽는 것은 달랐다. 들고 다니면 더 많이 읽게 된다(요즘에는 아이패드로 읽는 경우가 많다). 성경을 가까이했던 것이 신앙 성장에 큰 도움이 되었다.

변화를 위한 성경 읽기

성경을 읽어도 변화가 일어나지 않는 이유는 여러 가지가 있겠으나 매뉴얼처럼 성경을 대하는 경우 그럴 수 있다. 예수님께서 이렇게 사셨으니까 우리도 이렇게 해야 해, 이렇게 말씀하셨으니까 이렇게 해야 해……. 이런 식으로 말이다. 물론 그리스도의 삶을 따라 살아야 한다는 것은 맞다. 그러나 '지금부터 친절해야지' 마음먹는다고 해서 진심으로 친절해지기는 어렵다. 일시적으로는 가능하다. 그러나 그 역시 진심에서 나온 행위가 아니므로 빈 껍질과 같다. 성경은 서로 사랑하라고 가르치고 있다. 그런데 마음 안에 사랑이 없으니 형식적으로 상대방을 대하는 것이다. 마음에 없는 말을 하게 된다. 잘 아는 사람이 마음의 고통을 당하고 있을 때도 때로는 마음을 공유하기 어렵다. 그러나 성경은 이웃과 함께 마음 아파하는 것이 옳다고 가르치고 있다.

그렇다면 어떻게 해야 할까? 성경을 아무리 읽었어도, 신학을 아무리 공부했어도 마음이 차디찬 사람들이 존재한다. 도대체 무엇이 잘못되었을까? 성경을 매뉴얼처럼 대해서 그런 사람들이 많다. 학벌이 높거나, 머리가 천재적이어도 사람들과 잘 지내지 못하는 사람들을 볼 때, 지능지수가 높은 것이 무슨 소용이 있는지 의구심이 일어나기 마련이다. 반면 지능지수가 높지 않아도 이웃과의 관계가 좋고 삶도 행복하게 사는 사람들이 있다. 감성지수가 높은 것이 건강한 삶에 절대적으로 유익하다는 사실이 밝혀졌다. 감성지수에 대해 연구하는 사람들은 감성지수는 계발시킬 수 있다고 한다. 특히 문학 작품을 읽는 것이 도움이 되는데 감성지수는 공감 능력과 밀접한 관계가 있고, 등장인물과 감정을 공유하면서 감성지수가 회복된다는 것이다. 성경도 내러티브를 통해 기록되었기에 공감능력을 얻을 수 있다. 그런데 왜 성경을 열심히 읽으면서도 감성지수가 높아지지 않는 사람이 있을까?

"예수님께서 이렇게 하셨다. 당신도 그렇게 해라!", "스데반이 순교했다. 나도 해야겠다", "성경을 읽어 보니 바울의 삶은 이런데 나의 삶은 그렇지 않네. 시정해야겠다. 주님 도와주세요", "성경에는 어려운 사람을 도우라고 가르치고 있다. 성경에서 그렇게 말하니 어려운 사람을 도와야겠다" 이런 식으로 진행되면 중요한 것을 놓치게 된다.

　　성경 말씀에 순종하는 것을 문제 삼는 것이 아니다. 그러한 마음을 갖자는 것이다. 마음을 가지기 위해서는 자신이 변해야 된다. 어떻게 해야 변하는가? 성경을 읽으면 된다. 성경에 나오는 모든 사람들의 감정을 공유하도록 노력하며 읽어야 한다. 그러면 공감능력이 생긴다. 물론 이 변화는 하나님이 주시는 것이다. 예를 들어 베드로가 주님을 따라 죽겠다고 했다. 그런데 세 번이나 주님을 부인하였다. 이때 베드로는 배신자, 나쁜 사람이라는 식으로 기계적으로 넘겨 버리면 안 된다. 내 주위 사람을 이해하기보다 나쁜 사람으로 고정시켜 이해하게 된다. 베드로가 주님을 따라 죽겠다고 했을 때 마음을 느껴야 한다. 먼저 생각부터 시작한다. 베드로가 예수님을 배신하지 않겠다고 말한 것은 거짓말이 아니었다. 주님께 인정받고 싶어하는 마음이 앞섰을 것이다. 또 자신이 그렇게 할 수 있을 거라고 생각했다. 그런데 자기의 입으로 주님을 부인하고 나중에 저주까지 하는 과정에서 베드로의 마음은 찢어졌을 것이다. 이런 베드로의 마음을 이해하게 되면, 살면서 우리를 실망시키는 사람들을 이해할 수도 있고, 인간의 연약함도 이해하게 된다.

　　또 다른 예를 보자. 예수님께서 니고데모에게 다시 태어나야 한다고 말씀하셨다. 니고데모는 "어머니 배 속에 다시 들어갔다가 태어날 수 없지 않습니까?"라고 반문하였다. '니고데모는 지도자인데 어떻게 저런 무식한 질문을 하지?'라는 생각만 하고 그 문장을 스쳐

지나가면 안 된다. 니고데모의 마음을 느껴 보자. 니고데모는 오랫동안 영생에 대해 고민했던 사람이다. 행간을 통해서 그가 영생을 찾아 몸부림쳐 왔다는 것을 알 수 있다. 그 답답한 마음을 가지고 왔는데 예수께서 다시 태어나야 한다고 하니 속이 터졌을 것이다. 다시 어머니 배 속에 들어가야 하냐고 물은 것은 자신의 마음을 토해 낸 표현이었다.

당시 유대인들은 할례, 세례, 결혼, 바리새인, 랍비 등의 의미에 다시 태어남이 내포되어 있다고 믿었다. 니고데모는 이 모든 것을 다 경험한 사람이다. 자신은 다른 사람보다 더 다시 태어났다고 믿었던 사람이다. 그런데 예수님이 다시 태어나야 한다고 하니 속이 터질 노릇이었다. 니고데모의 말은 "도대체 저보고 어쩌라고요!"라는 외침이었다. 태어나는 것은 본인이 원한다고 되는 것이 아니다. 예수님의 말씀은 사람의 힘으로 되지 않는다는 뜻이었다. 마틴 루터처럼 니고데모도 자력으로 구원받지 못한다는 사실을 깨달았을 것이다. 우리도 주님의 말씀대로 살기 위해 몸부림치는 그 마음과 니고데모의 마음이 겹쳐지는 부분이 있다.

포도주를 마신 노아가 벌거벗고 잤다는 부분을 읽을 때는 '얼마나 술을 마셨으면 인사불성이 되었나…… 당대 의인이라는 사람도 이런 잘못을 저지를 수 있구나…… 인간은 죄인이기 때문에 어쩔 수 없다'라고 생각하며 노아에게 돌 한번 던지고 빨리 일독해야 한다는 마음으로 지나갔다. 자기 가족 외에 모든 인류가 다 죽었는데, 수많은 사람들이 죽어가는 것을 볼 수밖에 없었고 아무도 없는 새로운 세상에 가족만 남았는데 그 마음이 정상일 수가 없다. 노아는 견디기 힘들었을 것이다. 술을 마셔도 된다는 말이 아니라 노아의 마음을 느껴 보자는 것이다. 노아의 마음을 느껴 보기 전에는 술 취한 사람들에게 분노를 느꼈다. 아마 내가 예전에 술을 마셨던 상황이 상대에게 투영되어서 그럴 수도 있을 것이다.

십자가 사건만 생각하면 빌라도가 원망스러웠다. 그깟 자리가 그렇게 중요한가? 그런데 배경을 알게 된 뒤 빌라도의 마음을 생각해 보았다. 그의 후견인은 로마 황제의 경호대장인 세자누스였는데 그는 쿠데타 음모로 황제에게 숙청을 당하였다. 결과적으로 황제가 빌라도를 예의주시하게 된 것은 자명하다. 유대인들은 빌라도의 아킬레스건을 건드렸던 것이다. 예수님을 놓아 주면 황제를 배신하는 것이라고 말이다. 빌라도 입장에서는 자리가 문제가 아니라 가족까지 다 죽을 위험한 상황에 처해졌다는 사실이 그를 짓눌렀던 것이다. 행간을 통해 우리는 빌라도가 안절부절못하는 모습을 볼 수 있다. 그래도 빌라도는 죄 없는 예수님을 십자가에 넘기면 안 되는 것이었다. 그러나 그 상황에 놓이지 않았다면 쉽게 말할 수 없는 것이다. 빌라도 사건을 통해, 겉으로 드러난 것을 쉽게 판단하면 안 된다는 것을 배웠고 내 연약함도 보게 되었다.

성경에 등장한 사람들의 마음을 내 작은 마음의 그릇에 담을 때 고통스럽지만 그 과정을 통해 내 작은 그릇이 확장되어 갈 것이다. 그릇이 확장되어 가면, 비록 속도는 더디겠지만, 죄에 허덕이는 인간을 긍휼하게 여기시는 주님의 마음을 조금이나마 이해할 수 있지 않을까?

역경을 딛고 일어선 사람들의 이야기에는 감동이 있다. 특히 생존을 위해 필요한 것들을 채우지 못한 상태에서 목표를 달성하는 사람들 이야기는 더욱 그렇다. 그러나 이런 감동은 현실적이지 못할 때가 많다. 보편적으로 적용할 수 없다는 말이다. 잠이 부족하면 몸에 악영향을 끼칠 뿐만 아니라 마음에까지 영향을 끼친다. 수면 부족이 몸과 마음에 부정적인 영향을 준다면 그 영향은 심신에만 머물러 있지 않고 영의 영역까지 침범할 수도 있다고 본다.

3

몸 회복

1장_ 몸 회복의 다섯 요소

잠에 대해

부족한 잠은 몸의 회복을 방해한다. 나는 무술을 가르치다가 몸이 다치는 경우가 있다. 그럴 경우 6시간 미만으로 자면 회복이 잘되지 않는다. 조금 다친 경우는 7시간 정도 자면 다음 날 괜찮아진다. 충분한 수면은 사람의 몸을 회복시키는 데 도움이 되는 것이 분명하다. 기를 강화하기 위해 먹는 것에서 별별 방법을 찾지만 기를 강화하는 가장 좋은 방법은 충분한 수면이다. 특히 10시 이전에 잠자리에 드는 것이 중요하다. 최소한의 수면을 취하지 않고는 무슨 방법을 써도 내기(內氣, Internal Energy)를 강화시킬 수 없다. 태극권, 호흡 수련, 참장 등으로 내기가 강해진다 하더라도 먼저 충분한 수면이 확보되어야 한다.

수면 부족은 몸에만 영향을 끼치는 것이 아니다. 감정 조절을 담당하는 뇌 기능에 문제가 생겨 여러 문제를 야기시킨다.[1] 감정을 조절하는 뇌의 전전두엽의 활동이 저하되면서 감정중추가 부정적인 일에 과민 반응을 일으키기 때문이다.[2] 묻지 마 살인이나 인터넷 중독으로 인한 살인, 자살도 수면 부족과 연관이 깊다. 특히 컴퓨터를 많이 사용하면 수면의 질이 현저히 떨어진다. 할 수만 있다면 자기 전에는 전자기기 사용을 금하는 것이 좋다. 충분한 수면만 확보되어도 사회 문제가 많이 줄어들 것이다. 나도 돌이켜 보면 잠이 부족한 상태에서 사람들을 만날 때 생각 없이 말을 하여 의도와 상관없이 상처 주는 말을 많이 했다.

과학자들은 사람이 수면을 취할 때 뇌에서 글림프 시스템 (glymphtic system)으로 알츠하이머병 등 신경질환을 일으키는 노폐물 등이 제거된다는 것을 밝혔다.[3] 일부 학자들은 알츠하이머 환자가 2050년에는 1억명명이 넘을 것으로 조심스레 예상하고 있다. 치매, 알츠하이머 등이 무조건 수면 부족에서 온다고 할 수는 없지만 수면 부족과 깊은 관련이 있음은 부정할 수 없다.

충분한 수면 시간은 집중력에서도 중요하다. 하나님께 5만 번 기도 응답을 받았다는 조지 뮬러가 어떻게 기도했는지에 사람들이 관심이 많다. 그런데 대부분 중요한 것을 놓치고 있다. 조지 뮬러는 충분한 수면을 확보했기 때문에 기도에 집중할 수 있었다. 그는 특별한 일로 기도드릴 때를 제외하고는 하루에 8시간 수면을 취했다. 아흔이 넘어 7시간으로 수면 시간을 줄였다고 한다. 7~8시간 수면을 확보하면 몸의 회복이 빨라진다. 성경을 읽을 때에도 문맥이 잘 들어오고, 기도할 때는 잡념도 줄어들어 깊은 기도가 가능하다. 토요일 밤에 제대로 자지 못한 상태에서 주일 예배를 드리면 예배 시간에 멍한 것은 물론이고, 무슨 설교를 들었는지도 기억나지 않는다. 할 일을 내려놓아야 잠자리에 빨리 들 수 있다. 이런 면에서 잠자리에 들어가는 것은 죽는 연습이다. 모든 것을 언제든지 스스로 내려놓을 수 있어야 하기 때문이다.

식사에 대해

먹는 것이 그리 중요하지 않다고 한때 생각한 적이 있었다. 그런데 잘 먹지 않으면 몸만이 아니라 마음에도 좋지 않은 영향을 준다. 몸이 마음에 영향을 주기 때문이다. 일본의 범죄심리학자 오사와 히로시 교수는 늘어나는 일본 중학생들의 폭력을 고민하던 중 범죄 소년의 혈액, 모발에서 중금속 성분이 많이 검출되고, 주요 영양소인 칼륨과 망간은 적게 검출됨을 주목했다. 범죄 소년들의 식사는 탄산음료, 인스턴트 식품 등이 주였고, 식사 주기 또한 불규칙했다. 미국에서도 10년간 연구한 결과, 살인범의 뇌가 포도당을 잘 활용하지 못함을 발견했다. 좋지 않은 음식은 사람을 난폭하게 만들고 성격을 급하게 바꾼다는 것이다.[4] 말세에 나타나는 현상 중(딤후 3:3) 잔인, 난폭도 음식과 관련이 깊다고 본다.

예전에 신문을 통해 안 사실이 있다. 영국 교도소에서 수감자들에게 좋은 음식을 제공한 후로 범죄 재발이 현격히 떨어졌다는 연구였다. 동양에서는 오장이 사람의 감정과 연결되어 있음을 오래전에 알고 있었다. 그러므로 이러한 정보를 접하면 호들갑 떨며 금욕주의적 삶을 지향해서도 안 되고, 말도 안 된다고 무시해 버려도 안 된다. 음식이 감정에 영향을 주는 것은 확실하기에 음식의 영향력을 가볍게 넘겨서는 안 된다.

대부분 잘 먹는다고 하면 비싼 음식을 과식한다는 의미로 받아들인다. 그러나 잘 먹는다는 것은 필요한 음식을 알맞게 취하고, 필요하지 않은 음식은 가급적 멀리한다는 것이다. 몸에 해로운 음식이 주가 되어서는 안 된다. 콜라를 마실 수 있지만 하루 종일 물 대신 마시는 것은 문제가 된다. 가급적 나쁜 음식을 멀리하고 좋은 음식을 가까이하는 것이 바람직하다. 음식을 잘 씹는 것이 중요하다. 잘 씹지 않으면 좋은 음식을 먹어도 효과를 충분히 기대하기가 어렵다.

전문가들은 음식을 30~100번 씹으라고 권한다. 처음에는 '한가한 사람들이나 씹고 앉아 있지 바쁜 사람들에게 가능한 이야기인가?'라는 생각이 먼저 떠올랐다. 그러나 곧 이런 생각이 들었다. '바쁘다고? 그러면 덜 먹으면 될 것 아닌가!' 꼭꼭 씹어 먹으면 평소보다 덜 먹어도 배가 부르다. 음식을 꼭꼭 씹으면 그날 내공수련도 확실히 잘된다는 것을 매번 확인한다. 음식을 씹는 것에는 많은 유익이 따른다. 오래 씹어 먹으면 침샘에서 파로틴이라는 회춘 호르몬이 나온다.[5] 파로틴은 체내 활성산소를 줄여 준다고 알려져 있다. 즉 잘 씹으면 노화가 늦춰지고 암도 예방된다는 것이다. 또한 씹는 행위는 뇌와 얼굴 부위 기관의 근육을 이완시키는 최고의 얼굴 운동이라고 말하는 사람도 있고, 성격을 변화시켜 스트레스를 줄이는 생활 명상이 된다고도 한다.

음식은 몸과 마음에 큰 영향을 준다. 이러한 기본적인 문제를 해결하지 않고 다른 문제를 해결하기는 어렵다. 수은이 많이 든 해산물을 지속적으로 섭취하면 중금속 때문에 사람이 불안해질 수 있다. 그렇게 불안한 사람을 앉혀 놓고 심리 치료, 내면 치유를 해보았자 효과가 있을까 싶다. 신앙 교육도 마찬가지다. 하나님께서 지친 엘리야 선지자에게 먼저 하셨던 것은 잠을 자도록 하신 것과 먹을 것을 주신 것이다. 엘리야는 음식을 먹고 힘을 얻었다(왕상 19:4-8). 그는 하나님과 동행했던 사람이었다. 하나님께서는 수면과 음식을 취하지 않더라도 엘리야가 강건할 수 있도록 할 수 있지만, 그의 회복을 위해 잠을 자게 하셨고 음식을 먹게 하셨다. 예수님도 피곤하실 때 자투리 시간을 이용하셔서 부족한 수면을 확보하셨다(마 8:24). 수면과 음식으로 힘을 얻는 것은 하나님께서 정하신 방법이다.

근육에 대해

내공수련에 관심이 깊어지면서 자연스럽게 호흡에 관심이 가자 근육 발달을 소홀히 여긴 때가 있었다. 내공을 중시하는 무술 고수들을 보면 근육질을 찾기 힘들다. 나이가 들면 근력이 약해질 텐데 발달시켜서 무엇하냐는 생각이 근육 운동을 무시하게 만들었다. 그리고 시간이 흐른 뒤 내 무지가 서서히 드러나기 시작했다. 내공 수련은 외공 수련과 균형을 이룰 때 가치가 있지 외공 수련 없이는 내공 수련도 소용없음을 깨달았다. 특히 근육은 사람의 체온과 깊은 연관성이 있음을 깨닫자 내 무식함이 완전히 드러난 것 같았다. 허벅지 근육은 복부를 따뜻하게 만든다. 허벅지 근육이 약하면 복부가 차가워질 가능성이 크고, 복부가 차가워지면 종양 등 여러 문제가 발생한다.

　　엉덩이 근육은 어떤가? 엉덩이 근육이 약하면 다른 근육 의존도가 높아지기 때문에 씨름 선수의 경우 디스크가 찢어질 수도 있다고 한다. 일본 정형외과의 다케우치 마사노리는 《중년 건강, 엉덩이 근육이 좌우한다》에서 고혈압, 척추질환, 골절, 요실금, 골다공증이 엉덩이 근육 부족과 연관이 있다고 하였다. 특히 연세가 드신 분들은 엉덩이 근육이 없으면 몸의 중심 잡는 것도 힘들어지고, 넘어지면 일어나는 것도 힘들어진다.

무술에서 상대에게 타격을 주기 위해 사용되는 힘은 1차적으로 다리 힘과 지면과의 항력에서 비롯된다. 여기 관련된 근육에서 나는 엉덩이 근육을 제외시켰는데 내 편견이 내게 무술을 배운 분들에게 잘못된 정보를 제공했다. 근육이 부족해 몸이 차가워지면 치매에 걸릴 확률, 우울증 걸릴 확률도 높아진다. 몸을 따뜻하게 만드는 기관인 근육을 무시하면 면역력이 떨어져 각종 바이러스에 걸릴 확률도 높아진다. 치매나 병에 '걸린다'는 것이 아니라 걸릴 '확률이 높아진다'는 것이다. 그렇지만 이렇게 말하는 이들도 있다. 예수님이나 바울이 운동을 했다는 기록이 어디 있냐고.

당시 유대인들은 예루살렘에서 행해지는 이스라엘 3대 절기 행사에 모두 다 참석하였는데, 목적지까지 산과 사막 지역을 도보로 순례했다. 순례기간 중 가을과 이른 봄에는 매우 추웠고 여름에는 매우 더웠다고 한다(화씨 110도). 예수님께서도 다섯 살 때부터 서른 살 때까지 매년 세 차례씩 반복하셨는데 거리로 계산하게 되면 1만 8천 마일을 걸으신 것이다. 복음주의자 아서 블레싯이 예수님께서 공생애 기간 동안 걸으신 거리를 계산해 보니 3,125마일이었다고 하였다. 여기에는 광야에서의 40일이나 기타 시간에 걸으신 거리는 합산되지 않았다. 예수님께서는 적어도 생전에 충분히 지구 한 바퀴 거리를 걸으셨다는 추측을 해도 무리가 아니다.[6]

바이젤(Beitzal)에 의하면 바울이 선교를 위해 왕복한 거리가 약 13,400항공마일이라고 한다.[7] 이 거리는 한국에서 뉴욕을 왕복한 거리다. 이 수치는 사도행전을 중심으로 계산된 바울의 선교 여행 거리를 직선으로 계산한 것인데, 실상은 훨씬 더 길었을 것이다. 2차 고린도방문(고후 12:14, 13:1), 난파 경험(고후 11:25), 스페인 여행(롬 15:24, 28)을 포함하면 바울은 더 엄청난 거리를 걸었던 셈이다.[8]

우리는 운동을 해야, 즉 움직여야 스트레스가 쌓이지 않고 신진대사도 원활해지도록 창조되었다. 몸의 건강을 성경 읽기와 기도가 대신할 수 없다. 밤 10시가 넘어 피자, 라면을 앞에 두고 이 음식을 먹고 건강하게 해달라고 기도하는 것, 운동을 전혀 하지 않고 건강하게 해달라고 기도하는 것, 공부를 전혀 하지 않고 시험을 잘 치게 해달라고 기도하는 것은 다르지 않다. 후자는 문제가 있다는 것을 알면서 전자는 문제가 있다는 사실을 잘 모른다. 조류 독감, 에볼라, 메르스 등 바이러스가 우리를 휩쓸고 지나갔는데 앞으로도 이런 바이러스의 위협은 계속될 것이다. 근육을 발달시켜 몸의 체온을 올리고 면역력을 강화시킨다면 병에 걸릴 확률은 현저하게 낮아질 것이다.

운동에 대해

집에 가던 중 지인을 만났다. 운동복 차림이길래 "운동하러 가시는가 보죠?" 여쭈어 보니 "교회에 가야 하는데 스포츠센터에 등록해서……"라며 말꼬리를 흐렸다. 그분은 주일을 잘 지키는 분이셨다. "오늘 화요일인데요?"라고 하자 "저희 교회에 특별집회가 있거든요"

라고 그분이 답했다. 이런 문제는 본인의 결정에 맡겨진 부분이라 여기서 무엇이 옳다고 하지는 않겠다. 중요한 것은 그분의 다음 말이었다. "집회 가서 경건의 훈련을 받아야 하는데 저는 몸의 훈련을 하러 갑니다. 몸의 훈련도 약간의 유익은 있으니 말입니다. 사실 몸이 안 좋아 운동을 시작하게 되었습니다." 적지 않은 그리스도인들이 디모데전서에 언급된 몸의 훈련을 '운동'으로 여긴다. 이러한 생각은 영지주의자들의 가르침으로 인한 금욕 수행에 바탕을 두고 있다.[9]

> 몸의 훈련은 약간의 유익이 있으나, 경건의 훈련은 모든 면에 유익하니, 이 세상과 장차 올 세상의 생명을 약속해 줍니다. 이 말은 참말이요, 모든 사람이 받아들일 만한 말입니다(딤전 4:8, 9).

문제는 이 구절을 곡해하여 몸의 훈련, 즉 운동이 이 땅에서 무가치한 것처럼 인식된다는 점이다. 일단 본문에서 말하는 '몸의 훈련'은 우리가 일반적으로 생각하는 운동이 아니다. 바울서신에서 바울은 상대의 반응을 예측하면서 글을 쓰고 있다. 즉 자신의 글을 변호하면서 주장을 펼쳐 나가는 특징이 있다.

바울은 디모데전서 4장 1절부터 금욕주의자(영지주의자들의 가르침)들의 문제점을 지적하고 있다. 혼인을 금하고, 음식으로 경건을 구분하는 등 복음에 인간의 행위를 더하는 금욕주의가 복음을 왜곡시키고 있었다. 이에 바울은 하나님이 지으신 모든 것이 다 좋은 것이고, 또한 모든 것은 하나님의 말씀과 기도로 거룩해진다고 그의 서신(딤전 4:4-5)에서 밝히고 있다. 바울은 이러한 주장에 대해 '신앙에 도움이 되는 금식 등을 무시하자는 말인가?'라는 독자의 항변을 예측이라도 한 듯, 7절에서 이러한 경건에 이르도록 자신을 연단해야 하며, 금식 같은 경건의 훈련을 부인하는 것이 아님을 밝히고 있다. 이어 8절에서 몸을 위한 훈련(금식 등)이 약간의 유익이 있다는 것을 한 번 더 밝히고 있다. 영혼의 건강을 위해 애쓰는 것처럼 몸의 건강을 위해서도 힘을 써야 하는 것은 몸이 사람의 구성 요소 중 하나이기 때문이다.

무술에 대해

이 책에 담긴 몸 회복 정보들은 무술에서 대부분 가져왔다. 그런데 기독교는 사랑의 종교이므로 무술 수련을 하면 안 된다고 생각하는 분들이 있다. 이 문제를 지금 다루는 이유는 무술의 예를 들어 우리의 사고가 얼마나 왜곡되어 있는지 말하고자 함이다. 사고의 왜곡은 회복에 큰 걸림돌이 될 수 있다. 군인이 평소에 하는 일은 전쟁 연습이다. 예전에는 칼, 창, 활 등으로 연습했다. 군인들이 하는 연습은 무도가 아닌 무술이다. 무도와 무술은 분명한 차이가 있지만 물리적인 측면에서 보면 동일하다. 나라를 지킨다는 군의 목적을 배제시키면 무술 연습은 한마디로 살인 연습이다. 그런데 성경에 "누가 오른뺨을 치면 왼뺨도 돌려 대라"는 구절도 있고, 무엇보다 십계명에 살인하지 말라는 말씀이 있기 때문에 오해가 생긴 것이다. 말씀에 담긴 의미가 무엇인지 먼저 알아야 한다. 십계명에서 언급된 '살인하지 말라'에서 '살인'(라짜흐)은 정당방위의 살인, 전쟁에서 적을 죽이는 살인(하라그)과 구분된다.[10] '라짜흐'와 '하라그'는 전혀 다른 말이다. 즉 라짜흐는 고의적으로 사람을 죽이는 불법 행위를 말하지만, 하라그는 합법적인 사형 집행, 전투 중 인명살상, 정당방위, 가축 도살을 말한다. 탈무드 산헤드린 72조는 "만약에 누가 너를 살해하려는 의도가 파악되면 먼저 죽여라"라고 가르친다.[11] 예수님께서 '라짜흐'를 언급하시면서 '형제에게 분노하는 행위'까지 포함시키셨는데 여기서 분노하다에 해당하는 히브리어 '하라그'는 '악한 자를 대적하지 말라'에서 '대적하다'와 같은 단어다. '악한 자를 대적하지 말라'는 예수님의 가르침은 시편 37편 1, 7, 8절, 잠언 24장 19절에 나오는 '악을 행하는 자들로 인해 불평하지 말라'의 인용이며, 형제에게 분노하지 말라는 말과 같은 의미이다. 상대가 악하다고 가서 죽이는 것이 '하라그'가 아니다. 자신이 심판자가 되기 때문이다. 정당방위를 죄의 심판과 같은 범주에 두면 곤란하다.

'누구든지 네 오른뺨을 치거든 왼뺨도 돌려 대라'는 말에서 '누구든지'는 일상생활에서의 이웃을 말하는 것이지 강간범, 강도, 깡패, 전쟁 시 교전상황에 해당되지 않는다. 이것은 이웃에게 복수하지 말라는 뜻이다.[12] 하나님께서 군의 존재를 인정하신다는 것은 두 가지 사건에서 알 수 있다. 군의 존재를 인정하신다는 것은 무술, 호신술을 악하게 보시지 않는다는 의미로 받아들여도 무리 없다고 본다. 첫째, 세례자 요한이 백성들에게 회개를 촉구할 때 군인들이 "무엇을 해야 합니까?"라고 물었다. 요한은 "군을 해산하라! 군대를 떠나라!"라고 말하지 않았다. 다만 "협박하여 억지로 빼앗거나, 거짓 고소를 하여 빼앗거나, 속여서 빼앗지 말고, 너희의 봉급으로 만족하게 여겨라"(눅 3:14) 하였다. 요한은 군을 부정하지 않았다. 둘째, 이방인 중에서 예수님께 칭찬을 들은 백부장이 있다. 백부장은 자기의 종이 아파서 예수님께 종이 낫기를 간청하였다. 주님은 백부장 종의 병을 고치시고자 종이 있는 곳으로 가시려고 했다. 그러나 백부장은 주님께서 말씀만으로 고치실 수 있다는 믿음을 고백했고, 주님은 백부장의 믿음을 칭찬하셨다. 이때 주님께서 "믿음은 참 좋은데 군은 떠나라!" 하시지 않으셨다.

노래 중에서도 좋은 노래, 나쁜 노래가 있듯이 무술도 악한 것들과 엮인 무술이 분명히 있다. 그런 무술을 일반화시켜 그리스도인들에게 경각심을 불러일으키는 것은 옳지 않다고 본다. 무술 세계에도 그리스도인이 필요하다. 나는 지금도 도복을 입고 있다.

2장_몸 회복의 세 가지 길

몸 상태는 우리의 삶에 크고 작은 영향을 미친다. 따라서 몸을 최적의 상태로 유지시키는 것이 중요하다. 몸 스스로도 항상성을 유지하기 위해 여러 일을 한다. 인체 내부에서 일어나는 일을 우리가 볼 수는 없지만 하품 등 겉으로 드러나는 현상을 보면 몸이 스스로 좋은 상태를 유지시키려 한다는 것을 확인할 수 있다. 기지개 역시 회복시키려 하는 몸의 현상이다. 갓난아기들은 기지개 켜는 것을 배우지 않았는데 본능적으로 한다. 동물들도 기지개를 자주 켠다. 고양이, 호랑이, 사자 등은 하루에도 몇 번씩 기지개를 켠다. 동물들이 자신들의 건강을 위해 배워서 하는 것이 아니다. 기지개는 몸을 원상태로 되돌리려는 움직임이다. 마치 컴퓨터를 리세트시키는 것처럼 말이다.

기지개

기지개는 순우리말이지만 한자어에서 유래되었을 것이라고 추측하는 사람도 있다. 氣(기) 肢(지) 開(개), 즉 기로 사지를 연다는 것이다. 일리가 있다고 본다. 분명 기지개는 기혈 순환을 돕는다. 중국의학이나 기공에서도, 우리의 몸을 적절하게 자극하면 할수록 기혈순환이 더욱 잘된다고 한다.[13] 기지개는 우리의 몸을 자극시키는 좋은 방법이다. 갓난아기까지 하는 것을 보면 선택이 아니라 필수인 것 같다. 아침에 일어날 때 아무 생각 없이 기지개를 켜는 것만 보더라도 기지개는 중요한 몸짓임에 틀림없다. 개인적으로 무술을 정리하면서 어떤 동작이 무술 동작에 가장 기초가 될까 고민한 적이 있었는데 결론은 기지개였다. 그래서 먼저 현재 대중에게 공개된 스트레칭들을 죽 살펴보았다. 어떤 스트레칭이 건강에 도움이 될까? 어떤 스트레칭이 가장 기지개에 가까운 것일까? 어떤 스트레칭이 자연의 동작을 따르는 무술에 가장 적합한 것일까?

각 무술에 포함된 스트레칭은 그 무술만의 특유한 동작에 적합하도록 구성되어 있다. 예를 들어 태권도에서 하는 스트레칭은 발차기에 무게를 두고 구성되었다. 그런데 그 스트레칭을 유도를 하기 전에 한다면 적합한 스트레칭은 아니다. 또 어떤 스트레칭은 잘 만들어져 있으나 한번 하는 데 시간이 많이 소요된다. 외우기에도 부담된다. 게다가 바닥에 앉아서 해야 하면 공간의 제약까지 받는다. 내가 찾은 것은 가장 단순하고, 즉 원형에서 벗어나지 않으면서 공간의 제약을 받지 않는 기지개였다. 고민을 하다가 유명한 중국 체조 '팔단금'이 떠올랐다. 오래전에 배운 적은 있었지만 당시에는 너무 단순하게 보여서 매력을 못 느꼈다. 간단하게 보이는 것을 신뢰하지 않거나 가치를 무시하는 오류에 빠진 것이다.

팔단금은 여덟 가지 자세로 만든 스트레칭인데 배우기가 쉽고, 간단하고, 서서 할 수 있기 때문에 아무 곳에서나 할 수 있다는 장점이 있다. 무엇보다 건강에 매우 유익하다. 특히 800년(길게 잡으면 1,000년)의 흐름 속에서 살아남았다는 사실만 보더라도 시간 속에서 검증된 스트레칭이었다. 문제는 내가 배운 동작과 다른 사람이 하는 동작이 달랐고, 또 책마다 달랐다는 것이었다.

나는 먼저 가장 단순하고 투박한 자세를 찾기 시작했다. 투박하다는 것은 원형의 가능성을 보여 주기 때문이었다. 그러나 효과가 우선이라는 융통성은 남겨 두었다. 마침 이동현이란 분이 유용한 정보를 정리했음을 알게 되었다.

팔단금이란 여덟 부분으로 이루어진 비단같이 진귀한 공법이라는 뜻으로…… 누가 만들었는지 알 수 없으나, 예전부터 민간에 전해 온 단편적인 도인법 중에서 각 내장의 기능과 관계 있는 여덟 가지 동작을 가려내어 종합적인 건강 효과를 거둘 수 있도록 하였다.[14]

그런데 태극권의 양징민 선생은 이동현 선생과 달리 팔단금 (The Eight Pieces of Brocade)은 악비(岳飛)가 군인들의 건강을 증진시키기 위해서 만들었다고 설명한다.[15] 양징민 선생은 앉아서 하는 팔단금을 소개하였다. 팔단금은 일반적으로 서서 하는 것으로 알려져 있는데 앉아서 하는 것은 추운 날씨에 잠자리에서 체온을 올려 기상을 돕는 것과 건강 증진을 목적으로 한다.[16] 두 사람이 소개하는 팔단금이 상당히 다른 이유는 팔단금이 북식, 남식, 문식, 무식 등으로 지역과 상황에 맞게 변천되었기 때문이라고 한다.[17] 결국 나는 여러 자료와 팔단금을 아는 분들의 도움을 받아 정리하였고 그 결과는 만족스러웠다. 이것이 지금 내가 만든 천조 무술에서 사용하는 기지개 전편이다. 팔단금 반복 횟수와 호흡은 기존의 의견을 따르지 않았다. 틈나는 대로 자주 해주는 것이 건강에 더 유익하다고 믿기 때문이다. 왜냐하면 첫째, 현대인들은 과거에 비해 앉아 있는 시간이 길다. 몸을 많이 사용하는 직업을 가졌다고 하더라도 퇴근 후에 앉아 있는 시간이 길면 기지개 동작을 해주어야 한다. 오랜 시간 앉아 있으면 몸에 문제가 생긴다는 것은 이코노미클래스 증후군에서 드러난다. 혈전증 때문이다. 혈전증은 다리 정맥에 생긴 젤리 같은 피딱지가 정맥을 타고 심장으로 올라와 폐로 이동하면서 폐동맥을 막아 생기는 응급질환이다.[18] 의학 전문가들은 1시간 이상 앉아 있지 말라고 경고하고 있다.[19] PC방에서 혈전증으로 돌연사하는 경우가 생기는 경우를 보아도 그렇다. 혈전증은 심지어 성경을 읽더라도 우리를 봐주지 않는다. 과식하면 배탈 나듯이 자연의 원리 또한 하나님께서 그렇게 만들어 놓으셨기 때문에 뿌린 것은 거둘 수밖에 없다.

둘째, 동물들이나 아기들을 보면 기지개를 하루에 한두 번만 켜는 것이 아니기 때문이다. 그러나 정말 바쁘게 살아가는 사람이 하루에 기지개를 한 번 켜는 것도 어려운데 또 시간을 낸다는 것이 부담이 될 수 있다. 따라서 하루에 한 번은 정식으로 하고, 그 외에는 첫 번째 또는 마지막 것만 해주자는 것이다. 1분도 안 걸린다. 일에 방해가 안 되는 범위 내에서 자주 해주는 것이 혈액순환에 도움이 된다. 가능하면 1시간 안에 해주면 좋다. 그리고 호흡은 딱히 설명하지 않겠다. 기지개를 켤 때 호흡은 저절로 되기 때문이다. 자연스럽게 행해지는 호흡을 따르면 된다.

여기서 순서를 지키는 것이 중요하다(부록 참조). 처음부터 여섯 번째 기지개를 바로 켜면 몸에 부담이 가기 때문이다. 기지개의 순서는 단순하지만, 몸에 부담이 가지 않도록 합리적으로 구성되어 있다. 기지개를 켤 때는 천천히 움직이면서 한다. 천천히 움직이다 걸리는 부분이 있으면 조심스럽게 풀어 주면서 한다(풀어 준다는 의미는 몸을 살살 움직이면서 한다는 의미다). 만약 느낌이 이상하면 일단 멈추고 잠시 후에 다시 한다. 느낌을 무시하고 하면 근육이 상할 수 있다. 스트레칭을 하다가도 부상을 입을 정도로 몸 상태가 심각한 사람이 많다.

기지개 연습이 건강에 도움되고 가벼운 질병 정도는 호전되기도 하지만 질병이 치유되는 것은 아니다. 분명한 것은 치료를 돕는다는 것이다. 혈액순환을 돕는 스트레칭은 건강의 기본이기 때문이다. 취침 전에 기지개를 켜면 수면의 질을 높일 수 있다. 취침 전에는 심한 운동보다는 근육을 풀어 주는 것이 중요하다. 충분한 취침 시간이 확보되지 못한 환경에 처해진 분들에게 권하고 싶다. 만약 부상으로 신체적 문제가 있으면 의사의 허락을 받고 연습해야 한다. 이때는 근육을 서서히 긴장시켰다가 4초 정도 자세를 정지시킨 다음 다시 근육을 서서히 이완시킨다. 스트레칭한 상태에서 4초 정도 지나면 혈액순환에 도움이 된다. 근육을 서서히 긴장시켰다가 서서히 이완시키는 동작은 근육에도 매우 이롭다. 긴장과 이완에 동일한 무게를 두는 것이 중요하다.

관절 돌리기

관절 돌리기는 건강에 유익하다. 효과를 보지 못하는 이유는 제대로 하지 않거나 횟수 때문이다. 몇 번 하다가 말면 효과를 보지 못한다. 관절을 돌려 주면 관절이 상하지 않게 예방될뿐더러 혈액순환에도 도움이 되고, 경락에도 자극을 준다(발목이나 무릎을 돌려 주면 신장 건강에도 도움이 된다). 돌릴 때 주의할 점이 있다. 첫째, 바른 자세에서 돌려야 한다. 특히 무릎을 돌릴 때 고개를 떨어뜨리고 돌리면 머리 무게 때문에 허리에 부담이 된다. 또 눈에 압력이 가해져서 눈 건강에도 해롭다. 둘째, 급하게 빨리 돌리면 안 된다. 셋째, 처음부터 원을 크게 그리며 돌리면 안 된다. 처음에는 원을 작게 만들며 돌린 뒤, 무리가 되지 않으면 조심스럽게 서서히 원을 키운다. 특히 목을 처음부터 최대한 꺾으면서 돌리는 것은 목 관절에 나쁘다. 넷째, 심장에서 먼 관절부터 돌려준다(심장에서 가까운 목 관절부터 돌리는 것은 좋지 않다). 다섯째, 자주 돌려야 좋다.

3대 내공 수련

숨 고르기

하나님께서 창조하신 모든 것은 신비스럽다. 그 신비함 안에는 하나님의 마음이 담겨 있다. 그 마음을 마주 대하면 경외심과 더불어 찬양을 드리지 않을 수 없다. 창조물에 담긴 하나님의 마음을 찾으면 하나님께서 기뻐하시는 묵상이 된다. 특히 하나님의 창조물 중에 호흡은 참 신비하다. 우주를 붙드시는 하나님이 우리의 호흡도 붙드신다는 것에 하나님의 크신 사랑을 느낀다. 그런데 하나님께서 주신 자연을 우리가 오염시키는 것처럼 하나님께서 주신 호흡을 스스로 망가뜨려, 그 망가진 호흡을 가지고 생명이 겨우 유지될 정도로만 호흡

을 하니 안타깝기도 하다. 게다가 호흡의 의미까지 왜곡시키는 종교
단체도 답답하다.

생명 유지에 호흡의 중요성은 다 아는 사실이다. 호흡은 몸의
건강뿐 아니라 영혼에도 영향을 준다.[20] 호흡이 몸과 마음뿐 아니라
영적인 면에도 영향을 미친다는 것을 인정하지 않으면 사람의 구성
요소가 영·혼·몸의 유기체라는 사실을 부인하는 것이다. 신생아는
탯줄이 끊기는 순간부터 배호흡을 하게 되는데 성장해 가면서 호흡
이 얕아지고 그 결과 배가 더 이상 움직이지 않게 된다. 잘 때는 움직
이지만 일상생활 중에는 배가 거의 움직이지 않는다. 가슴으로 숨을
쉬기 때문이다. 배는 움직이지 않으면 차가워진다. 심장 암이 드문 이
유는 혈액 때문이기도 하지만 항상 움직여 열이 발생되는 까닭도 있
다고 본다. 위장 외에 다른 장기들은 심장처럼 움직이지 못한다. 그
래서 호흡을 할 때 배가 움직여 온도를 따뜻하게 유지해야 한다. 움
직이지 않으면 차가워지고 혈류도 원활해질 수 없다.

일단 배가 차가워지면 소화 기능이 약해지고 면역력도 떨어
진다. 신진대사도 나빠진다. 감정도 쉽게 요동한다. 쉽게 분노한다. 화
가 나도 풀어지지 않는다. 분노는 호흡을 더 짧고 약하게 만든다. 이
러한 감정적인 삶은 숨을 가슴에서 목으로 이동하게 만든다. 숨이
목으로 이동하면 결국 목에 있는 숨, 목숨은 쉽게 꺼지게 된다. 숨을
짧고 얕게 만드는 요인들은 많다. 스트레스, 두려움, 수면 부족, 과식
등이다. 특히 두려움, 분노, 시기, 질투는 호흡을 짧게 만드는 주범이
다. 나쁜 감정이 호흡을 짧고 얕게 만들고, 짧고 얕은 호흡은 다시 나
쁜 감정을 부른다. 상호 연관성이 매우 깊다. 분노는 숨을 거칠게 만
들고, 두려움은 숨을 죽이게 만든다. 숨죽인다는 말은 말 그대로 숨

을 죽인다는 것이다. 자꾸 숨을 죽이면 숨이 얕아질 수밖에 없다. 질투, 시기의 뿌리에는 두려움이 있기 때문에 질투, 시기도 두려움의 범주에 속한다.

건강해지기 위해 좋은 음식이나 약을 먹을 수도 있고, 운동을 할 수도 있지만 호흡을 고치지 않으면 몸의 회복은 없다. 호흡이 개선된다고 해서 모든 병이 다 치료되는 것은 아니다. 그러나 호흡은 퍼즐의 중요한 부분을 채운다. 호흡이 회복되면 심신이 회복될 확률은 높아진다. 현재 고쳐지지 않는 병들, 특히 감정적인 병(정신적인 병) 중에 호흡이 회복되면 고쳐질 병들이 많다. 호흡 문제 때문에 불치병의 범주로 넘어간 것들이 많다. 안타까운 일이다.

호흡의 중요성을 알아 호흡 수련에 관심을 갖는 사람들이 많고, 외국에는 호흡을 연구하는 단체도 있다고 한다. 세상의 자녀들이 빛의 자녀보다 지혜롭다는 주님의 말씀(눅 16:8)이 떠오르는 현실이다. 나는 무술 때문에 단전호흡 등 호흡 연구를 해왔지만 숨이 어떻게 시작되었는지 알려 주는 자료는 지금껏 찾지 못했다. 숨이 어떻게 시작되었는지는 오직 성경에만 나와 있을 뿐이다.[21]

잘못된 숨을 회복시키는 병원이 없다는 것이 문제이다. 단전호흡, 기 수련단체에서 호흡을 가르치기는 하지만 어떤 단체는 호흡 회복이 아니라 자신들의 종교나 철학, 자신들이 추구하는 영적인 세계로 인도하려고 호흡 수련을 도구로 사용한다. 호흡 회복 연습은 음악과 비슷하다. 음악으로 찬양하기도 하지만 악한 일에 음악을 사용하기도 한다. 음악은 사람을 흥분시키거나 극단적으로 자살로 이끌기도 한다. 마찬가지로 호흡은 사람을 생존하게 만들고 집중력에 큰 도움을 주지만, 조작된 몇몇 호흡법은 자기 우상화에 사용되기도 한다. 호흡은 하나님께서 주신 것이고 반드시 회복되어야 한다. 시간이 흐를수록 사람들의 호흡은 더욱 얕아질 것이다. 게임에 빠진 어린이들을 보면 거의 숨을 죽이면서 한다. 이렇게 숨을 죽이면 숨은 더욱 얕아진다. 이런 얕은 호흡으로는 기도에 집중할 수 없다. 한곳에 가만히 있지 못한다. 이성이 감정의 지배를 받게 된다. 호흡은 몸의 건강을 위해서도, 마음의 건강을 위해서도 회복되어야 한다.

　　말이나 글의 전후를 다 잘라서 이야기하기 좋아하는 시대에 그리스도인으로서 기, 호흡을 언급하는 것은 쉬운 일이 아니다. 그럼에도 호흡, 기를 언급하는 이유는 몸의 회복을 다루면서 가장 중요한 호흡과 생체전류를 배제시킨다는 것도 있을 수 없기 때문이다. 병원에 갈 수 없는 이들, 의료 혜택의 사각지대에 있는 이들에게 도움을 주기 위해서는 호흡, 기 등을 다루지 않을 수 없다. 무엇보다 기가 뉴에이지 사상으로 왜곡되어 있어서 이 책에서 다루게 된 것이다.

　　호흡을 회복하려면 숨을 망가뜨리는 일을 하면 안 된다. 숨 쉬는 방식을 망가뜨리는 것이 몇 가지 있다. 첫째, 부족한 수면이다. 과로하면 호흡이 망가질 수밖에 없다. 특히 밤에 일하면 호흡이 망가진다. 밤에 일할 수밖에 없는 분들은 낮에 수면을 취하고 호흡이 짧아지지 않도록 주의해야 한다. 둘째, 과식이다. 과식하면 호흡이 금방 짧아진다. 빨리 먹는 것, 잘 씹지 않는 것은 호흡을 매우 짧게 만든다. 셋째, 걱정, 근심, 염려, 분노는 호흡을 짧게 만든다. 특히 두려움이 심하면 본인은 두려움인 줄 모르나 모든 스트레스의 뿌리는 두려움인 경우가 많다. 숨을 죽이게 된다. 숨을 너무 죽이다 보니 아예 숨을 잠시 안 쉬는 경우도 있다. 넷째, 타인을 비방하면 호흡이 짧아진다. 나는 직업병인지 모르지만 상대의 호흡을 무심코 본다. 상대의 호흡을 읽는 것은 중요하다. 무술에서 기습공격을 사전에 읽을 수 있기 때문이다. 이상한 것은 남을 비방하는 사람의 호흡은 예외 없이 갑자기 짧아진다는 것이다. 질투나 시기할 때도 호흡이 짧아진다. 다섯째, 오래 앉아 있으면 호흡이 짧아진다. 오래 앉아 있으면 몸이 완전히 망가진다고 여기저기 말을 하며 다녔는데 '오래 앉아 있으면 수명이 단축된다', '오래 앉아 있으면 운동해도 소용없다'는 신문 기사들이 나오고 있다. 책상에 오래 앉아 있으면 호흡이 짧아진다는 것은 내가 체험으로 아는 것이다. 그럼에도 30~40분에 한 번은 일어나야 한다는 사실을 잊을 때가 있다.

숨을 깊게 쉬기 위해서는 어떻게 해야 하나? 첫째, 바른 자세를 유지해야 한다. 본인 스스로 바른 자세를 유지하도록 노력해야 한다. 자세가 바르지 않으면 호흡도 바르지 않다. 저명한 카이로프래틱 전문가는 소파만 없애도 많은 사람들의 척추 질환은 없어질 것이라고 말했다. 소파에 오래 앉으면 자세가 엉망이 되기 때문이다. 소파에 앉지 말라는 말이 아니라 너무 오래 앉지 말라는 말이다. 둘째, 항상 숨을 편히 내뱉는다. 숨을 뱉으면 저절로 숨을 마시게 되므로 먼저 숨을 뱉는 것이 중요하다. 이때 숨이 안 찬 범위에서 뱉는 것이 중요하다. 그렇게 하면 내뱉는 호흡이 마시는 호흡의 길이와 비슷해진다. 마시는 호흡이 뱉는 호흡처럼 편하게 들어올 정도로 숨을 뱉는다. 이때 의식은 주요 장기들이 모여 있는 아랫배에 둔다. 의식을 아랫배에 두면 호흡을 할 때마다 배가 움직인다. 배가 움직이면 복부 혈행도 좋아지고, 복부의 열도 올라간다. 아랫배 중심으로 숨을 쉬다 보면 호흡이 자연스레 더 깊어진다. 숨을 쉴 때마다 아랫배가 저절로 움직이게 된다. 셋째, 이 책에 언급된 숨고르기를 자주 한다. 말

그대로 숨을 고른다는 것이다. 다리를 사용하지 못하는 사람이면 의자에 앉아서 하고, 팔을 사용할 수 없거나 전신을 사용하지 못하는 사람이면 상상으로 연습한다. 동작을 상상하면 숨도 상상하는 대로 고르게 변한다. 숨고르기 동작은 부록을 참조 바란다.

내공수련법 참장

1930년 중국 상하이. 세계 라이트급 챔피언인 헝가리인 잉글(Engle)은 권투 코치를 하고 있었다. 그는 중국 무술 수련자 중 어느 누구도 자기 상대가 될 수 없다고 호언장담을 했다. 당시 외국인 격투기 선수가 동양 무술가들을 무너뜨린 경우가 많았다. 일본에서는 검도 고수들이 펜싱 선수들에게 무참하게 깨진 경우도 있었다. 이때 체중 50킬로그램에 45세인 남자가 잉글에게 도전했다. 나서는 것을 좋아하지는 않았지만 중국인들의 사기를 위해 나선 것이었다. 경기가 시작되자마자 잉글은 단 한 번의 접촉으로 기절했다. 〈런던타임스〉는 다음과 같이 보도했다.

> 나(잉글)의 손이 왕향제의 손에 닿았을 때 마치 전기가 온 것을 느꼈다. 심장이 뛰는 것도 느꼈다.

1940년, 왕향제(55세)는 당시 일본헌병대 소속 무술 사범이었던 사와이 케니치(Sawai Kenichi)와 맞서 싸워 이겼다. 사와이—유도 5단, 검도 4단, 젠포(가라데의 한 종류) 4단, 거합도(IAIDO, 일본 검술의 한 종류) 4단—의 증언에 따르면 그는 왕향제에게 공(ball)처럼 다루어졌다고 한다. 사와이는 결국 검을 들고 왕향제에게 도전했으나 역시 무참하게 깨졌다. 그 후 사와이는 왕향제의 제자가 되어 일본으로 돌아와 태기권을 만들게 되었다.[22] 왕향제의 제자 중 한 사람이 노르웨이 복싱 선수 앤더슨을 5미터가량 던져 버린 사건도 있었다.[23] 이외에도 엽문(영춘권 대가, 이소룡의 스승), 곽원갑 등이 서양 무술을 제압해 중국 무술의 사기는 다시 회복되어 중국인들의 단합에 불을 붙이게 되었다.

왕향제의 이야기를 꺼낸 이유는 그가 강했던 이유가 참장 수련을 했기 때문이라는 것을 말하고 싶어서이다. 그는 많은 무술인들을 제압했는데 그 힘이 참장 수련이라고 해도 과언이 아니다. 왕향제에게만 해당된다면 보편화시키기 힘들지만 지금까지 알려진 무술의 최고수들은 한결같이 참장 수련이 궁극의 내공 수련법이라고 강조한다. 이것은 무술이 그 역사로 확증하고 있다. 이러한 내공수련을 충분히 하지 않고 기술에만 치중하면 내 개인적 생각이지만 태극권을 비롯한 내가권은 종합격투기 선수에게 5초도 버티기 힘들다고 본다. 나 역시 참장 수련 전과 후를 기점으로 무술 세계가 나뉘었다.

이 책에 참장 수련을 실은 이유가 있다. 첫째로 건강에 큰 도움이 된다. 특히 몸과 마음의 내면의 힘을 키우는 데 이만 한 것이 없다. 둘째, 집중력을 키우는 데 큰 도움이 된다. 특히 기도할 때 하나님 앞에서 잠잠히 기다리는 힘이 필요한데 참장 수련은 이 힘을 기르는 데 큰 도움이 된다. 가만히 있는 것이 무슨 힘이냐고 할 수 있지만 이 시대를 살아가는 데 너무나 필요한 힘이다.

참장이라고 하면 참선이라는 단어가 떠올라 거부감을 일으킬 수 있지만 참장은 참선이 아니다. '참'은 '서다'라는 뜻이고 '장'은 '말뚝'이라는 뜻이다. 즉 말뚝처럼 서 있다는 뜻이다. 그래서 거부감이 있는 분들에게는 하나님께 소망을 두라고 '엘피스'(소망)라는 이름을 사용했다. 지금은 '코람데오 스틸니스'(Coram Deo Stillness)라고 부른다. 물론 무술에서는 '참장'이라는 용어를 그대로 사용하고 있다. 현재 기독교에서 회복되어야 될 부분 중 하나가 '한곳에 잠잠하게 있을 수 있는 힘'과 '집중력'이다. 역사상 어느 때보다 산만한 시대이다. 산만하면 성경을 읽어도 집중할 수 없으며, 기도를 드려도 항상 잡념에 끌려 다니게 된다. 산만하면 감정에 휩쓸린다. 감정에 쉽게 동요된다는 말이다.

처음에 참장을 배웠을 때는 도저히 신뢰가 가지 않았다. 가만히 서 있기만 하면 몸이 강해지고, 내공이 쌓인다는 사실이 믿겨지지 않았다. 많은 무술 서적이 참장의 중요성에 대해 다루지만 어쩌다가 생각날 때 한 번씩 해보았을 뿐이었다. 그러다가 호주에 와서 무릎에 부상을 입어 한동안 움직이기 불편한 적이 있었다. 기도할 때 무릎을 꿇지도 못했기 때문에─당시에는 기도할 때 무릎을 꿇어야 된다는 고정관념이 있었다─서서 기도하기 시작하였다. 그때 참장 수련이 본격적으로 시작된 것이다. 서서 기도를 계속하게 되었고, 그 기도의 시간은 참장 수련이 되어 내공을 쌓게 만들었다.

수련 시간이 늘어 가면서 놀라운 일이 생겼다. 몸에 여러 긍정적인 변화가 일어난 것이다. 무술에도 큰 변화가 일어났다. 무엇보다 기도의 자리를 지킬 힘이 생겼다. 기도할 때 특정 자세를 하나님께서 원하시는 것은 아니다. 그러나 몰입하기 쉬운 자세가 있는 것 또한 사실이다. 바닥에 엎드려 성경을 읽을 수도 있고, 책상에 반듯하게 앉아서 읽을 수도 있지만, 엎드려 읽으면 오래 읽을 수 없다. 기도 자세도 마찬가지다. 성경에 구체적으로 나와 있지 않다고 해서 가볍게 볼 문제는 아니다. 성경에 금식은 나와 있지만 보식에 대해서는 아무런 말이 없다. 그러나 오랜 금식 후 보식을 제대로 하지 않으면 생명을 잃는다.《영적 훈련과 성장》의 저자 리처드 포스터의 말을 빌리면, "보식은 당시 모든 성경 수신자들이 다 알고 있기 때문에 성경에 기록할 이유가 없다". 기도 자세도 같은 맥락에서 이해할 부분이다.

기독교에는 여러 종류의 기도 자세가 있다. 땅에 배가 닿도록 완전히 엎드리는 자세도 있고, 무릎을 꿇고 드리는 자세도 있다. 불교에서는 가부좌, 반가부좌, 정좌(무릎 꿇는 자세) 등이 기도, 명상 때의 일반적 자세라고 한다면 기독교에서 전통적으로 내려온 자세는 서서 드리는 자세다. 이 자세는 오랜 시간 기도드리기에 적합한 자세다. 성경에 여러 증거가 있는데 여기서는 두 경우만 제시한다.

> 이스라엘 사람들은 다른 모든 민족과의 관계를 끊었습니다. 그들은 서서 자기와 자기 조상의 죄를 털어놓았습니다. 그들은 세 시간 동안, 제자리에 서서 그들의 여호와 하나님의 율법책을 읽었습니다. 그리고 그다음 세 시간 동안은 자기들의 죄를 털어놓고 여호와 하나님께 예배드렸습니다(느 9:2-3).

이스라엘 백성이 총 여섯 시간을 서서 예배드렸던 것을 알 수 있다. 물론 서서 예배드린다고 하나님께서 더 좋아하시거나 성령께서 임재하시는 것은 아니다. 예배는 우리 몸 자세가 아니라 마음에 달려 있다. 그러나 서서 기도하는 훈련을 하면 장시간 집중된 상태에서 기도하는 데 큰 도움이 된다. 구약에서는 서서 기도하는 것이 일반적이었다.

한나는 마음속으로 기도하고 있었기 때문에 입술은 움직였지만, 소리는 내지 않았습니다. 그래서 엘리는 한나가 술에 취했다고 생각했습니다. …… 저는 큰 괴로움 중에 있는 여자입니다. 여호와 앞에 저의 마음을 쏟아 놓고 있었습니다. 저를 나쁜 여자로 생각하지 마십시오. 저는 너무나 괴롭고 슬퍼서 기도드리고 있는 중입니다 (삼상 1:13-16, 쉬운성경).

한나는 서서 기도를 드렸다.

제사장님, 맹세하건대 저는 제사장님 가까이에 서서(나차브) 여호와께 기도드렸던 그 여자입니다(삼상 1:26, 쉬운성경).

신약에서도 서서 기도드리는 자세가 보편적이었다. 성지순례를 가보면 회당 바닥을 보아도 알 수 있고, 예수님께서 하신 말씀으로도 알 수 있다.

너희가 서서(스테코) 기도할 때(막 11:25상, 쉬운성경)

서서 기도드리는 것이 일반적이었기에 가만히 서 있으면 기도하는 중이라고 이해했던 것 같다. 그래서 남들이 다 보는 곳에 서서 '나 지금 기도하고 있다'라고 표를 낸 사람들이 있었던 것이다. 예수님께서는 이러한 사람들을 책망하셨다. 기도드리는 자세가 아니라 사람들에게 보이기 위해 기도하는 가식적인 행위를 책망하신 것이다.

기도할 때에 위선자들처럼 하지 마라. 그들은 사람들에게 보이려고 회당이나 길 모퉁이에 서서 기도하기를 좋아한다. 내가 너희에게 진정으로 말한다. 그들은 이미 자기 상을 다 받았다. 기도할 때에 골방에 들어가 문을 닫고, 숨어 계시는 네 아버지께 기도하여라. 숨어 보시는 네 아버지께서 네게 갚아 주실 것이다(마 6:6-7, 쉬운성경).

가만히 서 있는 자세를 오랫동안 유지하면 몸이 근원적으로 강해진다. 무조건 서 있는 것이 아니라 무릎을 조금 구부리고—무릎을 편 상태에서 오랫동안 서 있으면 뼈가 상하며, 하지정맥류가 있거나 심장이 약한 분들은 특히 안 좋다—상체의 힘을 뺀 바른 자세에서 서 있는 것이다. 참장 자세는 몸 회복에 큰 도움이 된다. 나는 물론, 지인들과 수련생들도 분명한 효과를 보았다. 외국에서 출간된 무술 서적들에 의하면 참장 수련은 다양한 질병에 효과가 있다. 보고된 자료를 보면 거의 모든 질병에 유익한 수련인 것 같다. 실제로 참장을 통해 치료된 경우도 많다. 그러나 모든 병을 다 고친다고 성급하게 확신하면 곤란하다. 다양한 질병이 고쳐진 사례가 있다는 말은 고쳐지지 않는 경우도 있다는 말이다. 왕향제의 제자 중 50대에 사망한 제자가 있는 것을 보면—그 제자는 가르치느라 정작 자신은 수련하지 않았다는 말도 있다—아무리 좋은 것을 해도 목숨은 하나님께 달려 있다는 것이 분명하다. 내 경우를 보더라도 참장 같은 내공 수련이 건강과 무술에 큰 도움이 되지만, 걱정, 근심, 염려가 있을 때에는 큰 효과를 얻을 수 없었다. 여기서도 몸과 영혼의 관계를 알 수 있다.

참장 수련 혹은 숨고르기를 마친 후에는 마무리 운동이 필요하다. 심장을 비롯한 모든 기관이 수면 상태에 있을 때처럼 안정되어 있기 때문이다. 참장 수련, 숨고르기 이후에 갑자기 몸을 움직이면 몸에 부담이 온다. 어떤 때에는 위험할 수도 있다. 장시간 금식 후 보식 없이 식사를 바로 하는 것이 매우 위험하듯 장시간 고요한 상태에 있다가 갑자기 움직이는 것도 위험하다. 장시간 기도 후 바로 일어서거나 움직이는 것도 마찬가지다. 마무리 방법은 다음과 같다.

첫째, 수련 중에 숨은 코로만 쉬는데, 마무리할 때에는 숨을 코로 마시고 입으로 뱉는다(심호흡하듯 한다). 숨을 마시고 뱉을 때, 팔도 움직인다(부록에 소개된 숨고르기처럼 하되 팔을 내릴 때에는 손끝이 서로 마주보게 만든다). 7회 이상 반복한다. 둘째, 손바닥으로 배를 쓸어 준다. 내려다볼 때 시계 방향으로 쓸어 주면 된다. 배꼽 중심으로 원을 점점 크게 돌린다. 9, 18, 36 등 원래는 횟수가 정해져 있고, 작은 원에서 큰 원으로, 시계 반대 방향으로 바꾸어 다시 작은 원으로 쓸어 주는 방법이 있지만 여기서는 그냥 '장'이 감긴 방향(시계 방향)대로 돌려 주면 된다. 쓸어 줄 때는 서두르지 말고 호흡에 맞추어 천천히 쓸어 준다. 셋째, 손바닥을 비벼 열을 낸 다음, 손바닥으로 몇 초 동안 눈을 덮는다. 손바닥으로 얼굴을 세수하듯이 문질러 주고, 손바닥으로 팔(어깨에서 손끝으로), 다리(허벅지에서 발목까지) 안과 바깥을 쓸어 주면 된다.

참장 자세는 하체를 긴장시키고 상체는 이완시킨다. 이 상태에서 생체 전류가 잘 흐른다. 반신욕을 생각하면 된다. 반신욕은 몸의 반을 뜨겁게 하고 반은 차갑게 만들어 피를 순환시킨다(심장이 약한 사람들에게는 반신욕이 좋지 않다). 참장은 심장에 부담을 주지 않으면서 기혈(생체 전류와 혈액 순환)을 활성화시킨다. 정확한 자세로 수련을 하면 두 가지 현상이 일어난다. 첫째, 입안에 침이 생긴다. 입안에 침이 생기기 시작하면 몸이 회복되는 것으로 받아들여도 좋다. '活'(활)은 '다시 삶'이라는 뜻인데, 물 수(水)변에 혀 설(舌) 자로 이루어졌다. 입안에 물, 즉 침이 생기면 다시 산다는 뜻이다. 몸이 좋지 않으면 먼저 혀가 바짝 마른다. 물을 마셔도 몸이 좋지 않으면 계속 마르고, 몸이 회복되기 시작하면 침이 생긴다. 침을 모아 놓았다가 침이 아랫배까지 내려간다고 생각하면서 3분의 1씩 삼킨다. 둘째, 생체 전류로 손에 자력감(磁力感)이 생긴다. 혈액 순환이 잘된다는 뜻이다.

　　모든 무술이 다 참장 수련을 하는 것은 아니다. 내공을 중시하는 무술(태극권, 팔괘장, 형의권, 심의육합권, 육합팔법, 대성권 등)에서 주로 참장 수련을 하는데, 최근에는 극진공수(최배달 창시)를 중심으로 가라테(공수도)에서도 중요한 수련으로 자리매김하고 있다. 소림 무술에서도 참장 수련을 하지만 자세를 매우 낮춰 하체를 단련하는 목적으로 수련한다. 한국 무술에서는 기천문에서 '내가신장'이라는 참장 수련을 한다. 각 무술마다 참장 자세가 조금씩 다르지만 원리는 같다. 나는 천조 무술을 만들 때 그동안 수련했던 '리우헤바파' 무술에서 사용되는 여덟 가지 자세에 하나를 더해 아홉 가지 자세를 만들어 사용했다. 나중에는 천조 무술에 적합한 참장을 따로 만들었다. 이 책에서 소개하는 자세 중에 하나만 선택해서 버티면 심신의 건강과 집중력에 큰 도움이 된다. 처음에는 1분부터 시작하여 50분 이상까지 늘려 보면 좋다. 너무 단순해서 효과가 믿기지 않을 수 있지만, 내공무술의 역사가 증명할 뿐 아니라 수많은 사람들의 경험이 그 효과를 증명하고 있다.

　　파스칼은 인간의 불행이 한곳에 가만히 있지 못하기 때문임을 깨달았다. "인간이 불행한 유일한 이유는 자신의 방에서 조용히 머무르는 법을 모르기 때문이다." 사람은 감당해야 할 일이 너무 많거나 시간에 쫓기면 차분하게 있을 수 없다. 그런데 시간에 쫓기지 않아도 차분하게 있지 못하는 것은 불안하기 때문이다. 이런 불안함은 산만함으로 나타난다. 산만함이 제거되면 내면에 있는 참된 집중력이 살아난다. 참된 집중력은 우리 안에 이미 내재되어 있는 힘이다. 어떤 대상에 관심이 끌려 작동되는 집중력은 참된 집중력이 아니다. 그런 집중력이 아니라 참된 집중력이 필요하다. 참된 집중력은 코앞에 보이는 너머의 것, 본질을 볼 수 있게 만든다. 실체가 보일 때까지 기다릴 수 있는 힘을 키우는 것이 집중력이다. 집중력은 인내와 비슷한 점이 있다.

현재 눈앞에 보이는 것들은 본질을 가리고 있는 것들이다. 그것들은 산만함, 잡념이다. 이런 것들은 마음을 혼잡하게 만든다. 이러한 것들이 사라지면 비로소 대상의 실체, 본질이 보이는 것이다. 실체, 본질을 가리는 것들이 사라질 때까지 참고 견디는 힘이 바로 집중력이다. 무엇을 하지 않을 때 진정한 집중력이 생기는 것이다. 즉 집중력은 대상을 가리는 것이 치워질 때까지 버틸 수 있는 힘이다. 흙탕물을 유리병에 넣고 흔들면 뿌옇게 된다. 유리병 안이 안 보인다고 계속 흔들면 영원히 병 반대편을 볼 수 없게 된다. 유리병을 테이블에 두고 기다리면 불순물들이 서서히 유리병 바닥에 가라앉는다. 더 기다리면 흙과 불순물이 가라앉고 맑은 물이 뜬다. 그러면 비로소 유리병 내부만이 아니라 유리병 건너편 사물까지 보이는 것이다. 보일 때까지 기다릴 수 있는 힘, 그것이 집중력이다. 물론 대가는 따른다. 아무것도 하지 않는 과정에서 불안, 두려움이 주는 고통을 이겨 내야 하기 때문이다. 불안감, 두려움과 직면하면 현실을 가로막은 것들이 사라지면서 실체를 볼 수 있게 된다. 이 싸움은 평생 치러야 할 싸움이다.

바른 자세에서 호흡을 편히 하고 조용히 한자리에서 참장 자세를 취하면 온갖 잡념이 떠오를 것이다. 이것은 흙과 불순물이 가라앉으면서 나타나는 현상일 뿐이다. 더 기다리면 잡념, 산만함도 가라앉게 된다. 바른 자세에서 가만히 서 있으면 처음에는 고통스럽지만, 일정 시간이 지나면 몸의 회복이 일어나기 시작한다. 계속 잠잠히 머무르면 머리가 맑아진다. 이때 하나님 말씀을 묵상하면 내면에서 울리기 시작한다.

문제는 이때까지 어떻게 참고 기다리느냐는 것이다. 하나는 제자리에서 팔의 자세를 바꾸는 것이다. 마가복음 3장 7-10절을 보면 군중이 몰려오자 예수님은 제자들에게 작은 배를 준비하게 하셨고, 그 배 위에서 말씀을 전하셨다. 예수님은 배 없이 능력으로 말씀을 전하실 수 있는 하나님이심에도 배를 사용하신 것이다. 배를 이용하셨다고 해서 인위적라고 말할 수 없다. 이것은 지혜. 마찬가지로 서 있는 자세에서 기도에 집중할 때 산만함을 제거하기 위해 팔의 자세를 바꾸는 것도 지혜로 볼 수 있다. 억지로 참는 것보다는 팔의 자세를 바꿔 잡념이 들어올 틈을 주지 않는 것이 지혜롭다. 초보자는 한 자세를 취할 때, 힘들거나 잡념이 들면 다음 자세로 바로 넘어가지 말고 양팔의 폭을 좁히거나 넓히는 변화를 주어 잡념, 산만함을 지혜롭게 없애는 것이 좋다. 이 책에 소개된 자세가 다섯 가지이므로 한 가지 자세에 1분만 시간을 들이면 5분 동안 집중력 훈련이 된다. 자세가 바뀌는 시간을 포함시키면 10분은 거뜬히 넘긴다.

10분간 가만히 있는 훈련을 하면 산만함을 제거시키는 데 큰 도움이 된다. 무릎을 조금 폈다가 낮추는 식으로 자세를 높였다가 낮추는 방법도 산만함을 제거하는 데 효과적이다.

두 번째는 숫자를 세는 것이다. 무술에서는 500에서 1까지 천천히 셀 수 있으면 집중력이 양호하다고 보고, 1,000부터 1까지 셀 수 있다면 집중력이 괜찮다고 본다. 10,000부터 1까지 셀 수 있으면 집중력이 상당히 좋다고 본다. 이런 기준이 다소 주관적으로 들릴 수 있으나 무술 역사로 보았을 때 어느 정도 객관성은 있다. 숫자를 세는 것은 막상 해보면 어렵다. 내 경우 500에서 거꾸로 세어내려 갈 때, 잊어버려서 다시 셌던 경우가 참으로 많았다. 좀처럼 안 되어서 꿀벌이 하는 방식을 따르기로 했다. 꿀벌은 원래 날 수 없는 몸 구조를 지녔다고 한다. 몸통에 비해 날개가 너무 작기 때문이다. 그럼에도 꿀벌이 날 수 있는 이유는 처음부터 장거리에 도전하지 않기 때문이다. 처음에는 짧은 거리를 왕복하면서 나는 힘을 기른다. 길러진 힘으로 점점 거리를 늘여서 나중에는 아주 먼 거리도 다닌다. 나는 집중력이 좋지 않아 500부터 거꾸로 수를 세는 것이 어려웠다. 그래서 10에서 1까지 수를 천천히 세기를 반복했다. 한동안 그렇게 했다. 그러다 20으로 늘리고, 다음은 40까지, 그다음은 50까지 늘려갔다. 욕심을 부려 숫자를 높이다 실패하면 다시 밑으로 내려와서 수를 세어 나갔다. 결과는 좋았다. 참장 자세를 취할 때도 도움이 된다. 단 숫자를 셀 때 마음을 아랫배(단전)에 두고 수를 센다.

스파이럴 웨이브 모션

택견의 발기술(발질)과 손기술(활개짓)이 품밟기에서 시작되었다면 천조 무술의 모든 기술은 스파이럴 웨이브 모션(Spiral Wave Motion)에서 시작되었다(스파이럴 웨이브의 원형은 참장이다). 택견의 품밟기가 굼실거리며 삼각형 스텝을 밟는다면 스파이럴 웨이브 모션은 몸을 물결치듯(미세하게) 하는 것이다. 동작을 크게 하면 댄서들이 하는 웨이브 모션처럼 보인다. 댄서들의 웨이브 모션은 가슴을 내밀면서 아랫배가 따라오는데, 천조 스파이럴 웨이브 모션은 아랫배를 내밀면서 가슴이 따라온다. '스파이럴'을 붙인 이유는 수련이 깊어지면 외부 동작은 웨이브처럼 보일지라도 신체 내부에서는 생체전류가 DNA 구조처럼 나선형으로 몸을 감기 때문이다.

　나는 내공수련을 통해 쌓인 내력을 외부로 폭발시키는 무술을 연구하다가 거의 모든 내공 무술이 동일한 힘을 사용하고 있음을 알게 되었다. 물론 힘이 표출되는 과정에서 형태는 다를 수 있다. 그래서 여러 무술이 존재하는 것이다. 실전을 위한 내공 수련을 연구해 왔던 이유는 호흡 수련과 무술에서 사용되는 기술과의 상호 연관성을 찾기 위해서였다. 호흡 수련이 실전에 적용되는 길이 스파이럴 웨이브 모션이다. 고수들의 움직임은 매우 작아서 잘 보이지 않지만 실상은 같은 힘을 사용한다. 상대에게 잡혔을 때 사용하면 합기유술이나 일본 합기도 등이 나오고, 손을 통한 타격기에 사용하면 태극권, 팔괘장, 형의권, 백학권 등이 나온다. 다리로 표출되면 택견이 나온다. 이 책에 스파이럴 웨이브 모션을 공개하는 것은 네 가지 이유 때문이다.

　첫째, 스파이럴 웨이브 모션은 자연의 움직임이기 때문이다.

자연의 움직임은 몸에 유익하다. 자연은 끊임없이 움직이고 있는데, 그 움직임의 근원을 개념화하면 스파이럴 웨이브 모션이다. 이것이 눈에 보이도록 움직이는 생명체는 물고기, 새(특히 비둘기, 학), 맹수(사자, 호랑이, 표범 등), 파충류(특히 코브라) 등이다. 이러한 자연의 움직임을 반복하신 분들 중 허리와 어깨 통증이 개선된 분이 많다. 자연의 움직임은 몸의 코어 부분을 강화시킨다. 둘째, 몸을 이완시키는 데 탁월한 수련법이기 때문이다. 몸의 이완은 혈액순환을 돕는다. 셋째, 복근을 포함한 하체를 강력하게 만들어 주기 때문이다. 특히 허벅지 둘레가 1센티미터 감소하면 당뇨 발병 위험이 10퍼센트 증가한다는 기사도 있다. 하체 근육은 신진대사, 면역력과 관계가 깊다. 넷째, 내장 마사지에 도움이 되기 때문이다.

스파이럴 웨이브 모션을 보조 수련으로 하는 무술도 있다. 팔괘장은 말할 것도 없고, 태극권과 백학권이다. 태극권에서는 가죽이나 나무로 만든 공을 가지고 수련을 한다. 백학권에서는 웨이브 모션을 내공 수련에서 중요하게 여기지만 너무 다양하게 변화를 주며 수련하기 때문에 복잡하고 시간도 많이 걸린다. 힘이 없어 보이는 택견의 발질이 강력한 이유도 웨이브 모션 때문이다. 이러한 사실을 깨닫게 된 이후로 많은 것들이 눈에 들어왔다. 풍물에서 상모돌리기 역시 목 힘으로 돌리는 것이 아니었다. 무릎을 굼실거릴 때 반동이 웨이브 모션을 통해 목으로 전달되어 상모가 돌아가는 것이다. 즉 목이 저절로 돌아가도록 만드는 원동력이 웨이브 모션이다.

이완 연습하기

병이 드는 원인은 매우 다양하다. 그 다양한 원인 중 의학이 밝혀 낸 것도 있지만 아직 원인을 모르는 것도 많다. 사람을 병들게 하는 원인 중 쉽게 무시되는 것은 긴장이다. 긴장은 생각 이상으로 심신의 건강을 파괴시킨다. 기공의 관점에서 보면 계속적인 긴장은 기혈의 통로인 경락을 압박하고 경화시켜 기혈의 정체를 초래한다. 현대 의학에서도 긴장이 스트레스를 유발시켜 병의 원인이 된다는 것은 이미 정론으로 되어 있다.[24] 따라서 이완 연습은 몸과 마음의 건강을 회복시킴에 매우 중요하다.

　　　기공 수련에서 이완 연습의 목적은 심신의 긴장을 해소하여 기혈의 소통을 원활하게 하고, 병적 상태를 개선하며, 호흡 수련을 효과적으로 진행할 수 있는 상태를 만드는 것이다.[25] 심신을 사용하는 무술에서도 건강 목적으로 이완 수련을 하지만 무술에서는 또 다른 목적이 있다. 그것은 발경(發勁)이다. 발경은 '경'을 '발'한다는 뜻인데 여기서 경은 힘이다. 일반적으로 사용되는 힘이 아니라 통합된 힘, 전달되어 증폭된 힘을 말한다. 손바닥으로 쳐서 상대의 내장을 다치게 한다거나 상대를 2미터 이상 튕겨 내는 힘이다. 일반 스포츠에도 발경의 기초가 사용된다. '경'을 사용하는 대표적인 스포츠가 골프다. 골프를 하시는 분들은 팔에 힘을 주면 스윙을 해도 힘이 골프채로 전달되지 않음을 알 것이다. 골프를 아시는 분들은 왜 힘을 빼는 이완 연습을 해야 하는지 이해가 될 것이다. 몸이 경직될수록 사정거리가 나오지 않기 때문이다. 무술도 마찬가지다. 힘을 주려고 하면 이두박근에 긴장이 온다. 그러나 이두박근은 당기는 역할을 한다. 이것은 밖으로 뻗어 나가는 힘의 전달을 방해한다. 따라서 타격력을 높이려면 이두박근의 힘을 빼야 한다.

　　힘을 빼는 연습은 무술에서도 하고, 정신과 치료에서도 한다. 이완 연습은 현대를 살아가는 모든 사람들에게 필요한 연습으로 피로와 스트레스 해소, 고혈압, 심장병, 위장병, 간질병, 기관지염, 천식, 신경쇠약, 불면증 등 만성병 치료의 방법으로 응용될 수 있다고 한다.[26] 이완 수련이 모든 병을 치료하는 것은 아니다. 하지만 치료를 받을 때 도우미 역할은 분명 한다. 그런데 힘을 빼는 것이 쉽지 않다. 몸과 마음이 연결되어 있기 때문이다. 이완 연습 방법은 어느 곳이나 비슷한데 손에서 어깨로 그리고 머리에서 발끝으로 한 부분씩, 그 부분을 느끼면서 숨을 마시고 뱉으면서 힘을 빼면 된다. 첫째, 신체 각 부분을 하나님의 것으로 상상한다. 숨을 편하게 마시면서 해당 부위를 생각으로 바라보다가 숨을 편하게 뱉으면서 힘을 뺀다. 하나님께 드린다는 마음으로, 내가 붙잡고 있는 것을 놓는다는 마음으로 힘을 빼면 된다. 예를 들어 어깨 부위를 상상으로 바라보면서 숨을 편하게 마신다. 이때 해당 부위의 모든 감각을 느껴 본다. 그다음 숨을 편하게 뱉으면서 어깨 부위의 힘을 뺀다. 자신이 붙잡고 있는 것을 하나님께 드린다는 마음으로 힘을 놓는다. 여러 번 반복해도 좋다. 이렇게 하면서 다음 부위로 넘어가면 되는데 아래에 적혀진 순서를 참조하면 된다. 특히 명치 부위는 스트레스로 쉽게 경직되는 부분이다.

손(손가락, 손바닥, 손등) → 손목 → 팔뚝 → 팔꿈치 → 이두박근/삼두박근 → 어깨→ 가슴 → (폐, 심장) → 머리(백회혈, 이마) → 미간

→ 눈(동공) → 코 → 입 →(입술, 잇몸, 혀) → 목(편도선) → 귀 → 옆
목 → 가슴(폐, 심장) → 명치 → 위장(비장, 췌장) → 배꼽(대장, 소장,
간장, 신장) → 단전(방광, 난소, 자궁) → 대퇴골(허벅지 안에 있는 뼈)
→ 무릎 → 정강이 → 발목 → 발(발등, 발바닥, 발가락)

발까지 다 이완하는 연습을 했으면, 처음으로 돌아가 여러 번
반복한다. 나중에는 단전 이완만 연습한다. 단전 위치는 전문가의 주
장마다 다른데, 내 소견으로는 단전은 몸의 무게 중심이다. 그래서
누웠을 때, 앉았을 때, 서 있을 때 위치가 달라질 수 있다고 본다. 일
반적으로 아랫배 중심부로 보면 된다. 단전을 바라보며 숨을 마시고
뱉을 때 단전 부분을 이완시킨다(마실 때도 힘을 주면 안 된다). 배를 부
풀리는 인위적인 조작도 하지 않는다. 단전력은 이완에서 나온다. 인
위적으로 힘을 주어 만드는 것이 아니다. 또 다른 이완 방식은 그 부
위로 숨이 들어왔다가 나간다고 생각하며 숨을 쉬는 것이다. 이때도
마지막에는 단전에 마음을 두고 연습을 한다. 숨을 마실 때에는 사
방에 있는 공기가 단전으로 들어온다고 생각하고, 숨을 뱉을 때에는
단전에 있는 숨이 몸 밖으로, 사방으로 빠져 나간다고 생각한다. 마
치 빛이 사방으로 퍼지는 것과 같다고 생각한다. 생각으로 연습하는
것은 잡념을 없애기 위해서, 그리고 인위적으로 배를 움직이지 않게
하기 위해서다.
　　이완 수련이 별것 아닌 듯하지만 혈액순환을 좋게 만든다. 오
래된 불면증 해소에도 도움이 된다. 이완 수련 시 뱉는 숨에 집중한
다. 마시는 숨이 덜 중요해서가 아니라 부교감신경과 관련이 있는 뱉
는 호흡이 몸을 이완시키기 때문이다. 그리고 뱉는 숨을 통해 마시는

숨을 길게 만드는 목적도 있다. 처음부터 마시는 호흡에 집중하게 되면 몸에 긴장이 뒤따른다. 결국 마시는 숨과 뱉는 숨의 길이는 어느 정도 비슷해져야 한다. 마시는 숨과 뱉는 숨의 길이를 처음부터 같게 만들 수도 있다. 무리해서 긴 호흡을 하면 안 된다. 단전을 의식하면서 숨을 편하게 고르는 것이 중요하다.

근육운동

내공 수련이 건강에 유익하지만 근육 운동, 유산소 운동도 병행해야 한다. 이 책에 나와 있는 스파이럴 웨이브 모션을 연습할 때 0.5~1킬로그램 정도 되는 아령을 들고 하면 좋은 근육 운동이 된다. 참장 자세 역시 0.5~1킬로그램 정도의 아령을 들고 한 자세를 몇 분씩 견디면 인대가 강해진다. 퀸시 대학 운동생리학자 웨인 웨스트코트 박사는 "20대에서 40대 사이에는 매년 근육이 225그램 정도 소실되다가 50대에 접어들면 매년 450그램 이상의 근육이 빠져 나간다"라고 미국의 여성 건강지 〈위민스헬스〉(Women's Health)를 통해 밝혔다. 근육 소실에 대한 정확한 원인은 아직 밝혀 내지 못했지만 몇 가지 유력한 이론은 나이가 들수록 신진대사가 느려져 근육도 감소한다는 것[27]과 인체가 감염되었을 때와 스트레스를 받을 때 글루타민 생산량을 늘리기 위해 근육 단백질에 있는 글루타민이 사용되어 근육이 소실된다는 것이다. 이미 밝힌 바와 같이 근육 소실은 몸을 차갑게 만들고, 차가워진 몸은 종양, 알러지 등을 일으키기 쉬우며 우울증, 조울증 등에도 쉽게 노출된다. 몸과 마음의 문제를 사전에 막기 위해 근육 운동이 필요하다. 빈속에 근육 운동을 하면 근육이 소실될 수 있으므로 조심해야 한다. 운동 전에 가볍게 먹는 것이 좋다.

　　모든 근육이 중요하지만 특히 허벅지 근육은 신진대사를 돕는 동시에 배를 따뜻하게 만든다. 근육은 혈액순환과 관련이 깊기 때문에 근육 발달을 소홀히 해서는 안 된다. 다리 근육을 발달시키는 운동을 소개하고자 한다. 첫째는 발등으로 반대편 다리 아킬레스 근육(뒷꿈치 뼈 위)을 차는 것이다. 택견에서 발등으로 오금을 차는 연습이 있는데 여기서는 아킬레스를 가볍게 찬다는 것이 다르다(부정맥이 있는 분들은 의사의 지시를 따른다). 둘째는 제기를 차듯 발을 올리는데—택견과 합기도에서 중요한 수련법이다—제기가 아니라 손바닥을 찬다(손바닥으로 발바닥을 때린다고 생각해도 좋다). 오른발로 차는 경우 왼손 바닥과 오른발 바닥이 부딪히면 된다. 하나둘 다리를 번갈아 차면 되는데 속도를 빨리하면 유산소 운동이 된다. 속도를 높일 때는 사뿐사뿐 뜀뛰는 것처럼 하고 뒤꿈치가 바닥에 닿지 않도록 반복한다. 손벽 치는 것도 혈액순환에 좋지만 이렇게 손바닥과 발바닥이 서로 맞닿으면 건강에 유익하다.

3장_마무리

집중력과 기도의 세계

여러 해 전, 무릎에 부상을 입었을 때는 수술을 받을 수 있는 상황이 아니었다. 통증은 둘째 치고 아내와 자녀들의 어깨에 큰 짐을 지웠다. 마음이 힘들었던 또 다른 이유는 무술의 길이 내 소명이라는 것을 깨달은 후에 부상을 당했기 때문이다. 무술의 길은 의심할 수 없는, 여러 번 확인한 하나님의 뜻이었다. 무술의 길이 소명이라면 부상을 입으면 안 된다고 생각했다. 오히려 예전에 다쳤던 허리도 고쳐주셔야 했고, 몸도 더 강하게 해주셨어야 옳았다. 그런데 설상가상 무릎까지 다친 것이다. 수술을 받으면 며칠 내에 정상적인 생활이 가능했지만 당시에는 수술받을 상황이 안 되어서 찢어진 연골 조각을 그대로 둘 수밖에 없었다. 찢어진 조각은 신경을 건드려 움직일 때마다 통증을 불러왔다.

그때 할 수 있는 것은 기도뿐이라서 겨우 무릎을 꿇고 기도를 시작했다. 무식하면 용감하다고 연골이 찢어진 사람은 무릎을 꿇을 수도 없고, 꿇어서도 안 되는데 무릎을 꿇은 것이다. 기도가 끝나고 퍼지지 않는 다리를 펴려고 더 큰 고통을 겪은 후에는 서서 기도를 드리기 시작했다. 그러나 산만함으로 5분 이상 기도하기가 힘들었다. 그렇다고 앉을 수도 없었다. 움직일 때마다 통증이 심해 일단 서있기 시작하면 그 상태를 계속 유지할 수밖에 없었기 때문이다. 5분 이상 기도를 하니 별로 할 말도 없었다. 그렇다고 그냥 서 있자니 할일도 없었다.

참장 수련이나 다시 해보자는 마음으로 참장 수련을 시작하였다. 지겨움 때문에 무척 힘들었다. 한 자세로 서 있는 것이 괴로웠다. 그러다 팔은 괜찮으니 지겨울 때마다 팔이라도 움직이자고 나 자신과 합의를 보았다. 당시 여러 무술의 참장 자세에 대한 정보는 머릿속에 많이 있었다. 그중 리우헤바파(육합팔법) 자세를 택했다. 두 가지 이유였다. 하나는 중국 3대 명권(태극권, 팔패장, 형의권)의 장점을 합해 놓은 무술이었기 때문이고, 또 하나는 기도 자세와 비슷한 자세가 있었기 때문이다. 육합팔법 참장 자세는 아는 사람마다 달라서 정리에 어려움이 있었다. 폴 딜런(Paul Dillon)이 정리한 참장이 가장 체계적이었는데 다른 사범들이 중요시 여기는 자세가 하나 빠져 있었다. 그래서 흐름을 고려해 마지막 부분에 넣어 아홉 가지 자세로 만든 것이다.

처음에는 한 자세당 10초씩 지겨움을 참기로 했다. 한 자세를 취하다 10초가 지나면 천천히 다음 자세로 넘어갔다. 계속 자세를 바꾸니 지겨운 것도 극복할 수 있었다. 계속 10초씩 하다 보니 짧은 감이 있어 20초로 늘렸다. 20초도 적응이 되었다. 그러다 1분으로 늘

였는데─시계 초침 소리로 시간을 재면서─1분은 지겨운 것 같아 다시 30초로 줄였다. 어느 날, 한 자세에서 시간이 멎는 느낌이 들었다. 분명 조용한 방인데 더 조용한 세계로 들어가는 느낌이 들면서 뭔가 허전한 느낌을 받았다. 다시 정신을 차려 보니 1시간이 지나 있었다. 아주 잠깐이라는 느낌을 받았는데 1시간이 흐른 것이다. 그때까지 경험해 보지 못했던 느낌이었다. 평온한 듯하지만 뭔가 공허함도 느꼈다. 우주에 가면 그럴 것 같다는 생각이 들었다.

이 사건이 이후, 참장도 참장이지만 하나님과 함께 시간을 보내야겠다고 마음을 먹었다. 아홉 가지 자세의 명칭도 필요하다고 생각했다. 그 생각이 들자마자 성령의 아홉 가지 열매가 떠올랐다. 그래서 사랑의 자세, 희락의 자세, 화평의 자세, 인내의 자세, 자비의 자세, 양선(선함)의 자세, 충성의 자세, 온유의 자세, 절제의 자세라는 명칭을 붙였다. 오직 산만한 나를 위해 만든 아홉 가지 자세를 기도 자세로 삼은 것이다. 더 이상 시계 초침 소리를 들으며 견디지 않고, 한 자세마다 주기도문을 읊조렸다. 무조건 기계적으로, 주문 외우듯이 반복한 것이 아니라 한 문장씩 깊이 생각하며 읊조렸다.

그렇게 기도하면서 주기도문이 모든 기도의 원천이 되고, 그것이 아홉 개라고 정리가 되었다. 즉 우리가 드리는 모든 기도가 이 아홉 범주에 들어갈 수 있다는 것이다.

1. 하늘에 계신 우리 아버지(사랑의 자세)
2. 아버지의 이름을 거룩하게 하소서(희락의 자세)
3. 아버지의 나라가 오게 하소서(화평의 자세)
4. 아버지의 뜻이 하늘에서와 같이 땅에서도 이루어지게 하소서

(인내의 자세)

5. 오늘 우리에게 일용할 양식을 주소서(자비의 자세)

6. 우리가 우리에게 잘못한 사람을 용서하여 준 것같이, 우리 죄를 용서하여 주소서(양선의 자세)

7. 우리를 시험에 빠지지 않게 하소서(충성의 자세)

8. 악에서 구하소서(온유의 자세)

9. 나라와 권능과 영광이 영원히 아버지의 것입니다(절제의 자세)

이것을 깨달은 후, 한 자세를 취하며 해당되는 기도문으로 기도하기 시작했다. 처음에는 하나님께 드릴 말이 없었다. 사랑의 자세를 취한 다음 "하나님 저를 자녀로 삼아 주셔서 감사드립니다"라고 하면 별로 드릴 말씀이 없었다. 그러면 두 번째 자세로 넘어갔다. "하나님의 이름을 거룩하게 하소서"라고 기도를 드렸다. 이렇게 아홉 기도 제목을 두고 기도하자 점점 기도가 풍성해졌다. 나에게는 엄청난 일이었다. 이렇게 기도하는 것이 나만의 방법인 줄 알았다. 그런데 나중에 서점에 가서 기도 서적을 보니 이렇게 기도하라고 하는 목회자들이 많았다. 해 아래 새것이 없었다.

참장 기도 덕분에 집중력이 회복되었고—물론 하나님의 은혜다—회복된 집중력은 하나님을 향하게 만들었다. 지금도 기도할 때 잡념에 시달릴 때가 있지만 이전과 달라진 점은 집중이 무엇인지 알게 되었고, 1시간 기도를 할 때 집중할 수 있는 시간이 5분밖에 안 되더라도 55분 동안 참고 기다리는 힘이 생겼다는 것이다. 하나님께 몰입하는 시간을 맛본 사람이라면 그 5분을 위해서 몇 시간의 대가도 지불할 수 있을 것이다.

그 후 아내에게 서서 기도하기를 권했다. 아내는 6개월 동안 50분씩 들여서 깊은 기도의 세계로 들어가는 경험을 했다. 그 후로 서서 기도하지는 않았지만 계속 집중해서 기도를 드릴 수 있었다. 감기도 가볍게 앓고 지나갔다. 몇몇 지인들도 같은 경험을 했다. 문제는 집중력이다. 집중력을 회복하려면 물이 끓을 때까지 기다리는 시간이 필요하다. 참장 수련은 기도 의자와 같은 것인데 기도 의자를 사용해 본 사람들은 기도에 많은 도움이 된다고 한다. 성경에 기도 의자에 앉아서 기도하라는 말씀은 없다. 하지만 기도 의자가 기도를 드림에 큰 도움이 되는 것은 사실이다. 서서 기도하는 참장 수련은 영적인 의미가 없는, 그냥 자세일 뿐이지만 기도 생활에 큰 도움을 주었던 것은 분명하다.

　　이 책에는 없는 참장 자세 중 하나가 파룬궁 자세와 겹치는 부분이 있었다. 파룬궁은 도교와 불교가 혼합된 사상을 가지고 있는데 창시자 리훙즈가 건강을 도모하기 위해 참장 수련을 첨가한 것이다. 리훙즈는 기공 수련에 깊은 조예가 있었던 것 같다. 그러나 리훙즈는 무술에서 사용하는 참장 수련을 넣었을 뿐이다. 내 경우 일반인들에게 건강 강좌를 하면서 참장 수련을 가르친 적이 있었다. 참석자 중에는 불교 신자도 있었다. 그분이 배운 것을 가지고 절에서 가르친다고 해서 참장이 불교의 것이 되는 것은 아니다. 목사님은 설교할 때 마이크를 사용한다. 스님도 설법할 때 마이크를 사용한다. 마이크는 마이크일 뿐이다.

　　무술에서 사용되었던 수련법을 다른 단체에서 사용한다고 해서 그 수련법이 그 단체의 것이라고 할 수는 없다. 무지개를 동성애자들이 사용한다고 해서 노아 언약의 증표인 무지개가 동성애자

것이 되지 않는 것과 같다. 무릎을 꿇고 기도하는 자세는 일본 불교에도 있다. 자세는 자세일 뿐이다. 힌두교에도 무릎 꿇고 기도하는 사람들이 있다. 서서 기도하는 자세는 그 출처가 구약 성경이다. 그 참장 자세는 파룬궁에서 갖다 쓰기 수천 년 전에 무술에서 사용되던 것이고, 서서 기도하는 자세는 구약 시대에 행해졌던 것이다.

　　여전히 허리는 문제가 있지만, 참장 수련으로 생활하는 데 불편이 없고, 무술 수련을 하는 데에도 지장이 없다. 참장 수련이 내공의 처음이자 마지막이라는 말이 사실임을 알게 되었다. 무릎을 다치지 않았더라면 참장 연습을 하지 않았을 것이다. 이제는 허리와 무릎을 다쳐 감사하다고 고백할 수 있다.

하나님의 창조물, 기

언어는 의사소통의 도구다. 그런데 언어로 생각, 감정, 사상 등을 전달하기에는 한계가 있다. 언어가 오해를 불러일으키기도 한다. 언어의 시간적, 공간적 제한은 의사 전달을 더욱 힘들게 한다. 이런 언어의 한계를 감안하면서 '기'라는 말을 쓰려고 한다. 과학은 서양에만 있는 것이 아니라 동양에도 있다. 동양에서 발전된 과학은 서양 과학처럼 분석적이지 않고 통전적이라는 특징이 있다. 이는 서양 과학의 한계를 넘어 전체적인 그림을 총체적으로 볼 수 있도록 도와준다. 그런데 동양 과학은 철학, 사상이 비집고 들어올 수 있는 틈이 있다. 이 과정을 거친 것이 바로 '기'다. 기는 흔히 알려진 것처럼 신비의 에너지가 아니다. 그렇게 왜곡되었을 뿐이다. 결론부터 말하자면 기는 생체전류, 자기장, 중력이다. 몸에 생체전류가 흐르기 때문에 스마트폰

스크린이 손가락에 반응하는 것이다. 만약 기가 사탄의 힘이라면 우리는 사탄의 힘으로 스마트폰을 사용하는 것이다. 처음에 누가 '기'라는 말을 사용했는지 알 수는 없지만 동양에서도 사람 몸 안에 전류가 흐르고 있다는 사실을 알았을 것이다. 무슨 근거로? 경락에 근거하여 그렇다. 전류가 흐르면 반드시 자기장이 생기니 자기장 역시 알았을 것이다. 서양에서는 전류, 자기장 등 대상에 분명한 명칭을 부여했지만 동양에서는 전류나 자기장의 실체를 '기'라고 명명한 듯하다. 동양 의학에서 다루는 침술이 이 사실을 확증한다. 침술에서 말하는 경락은 생체 전류가 흐르는 길이다. 전류가 흐르는 길은 보이지 않는다. 동양인들은 자연이나 지구에 자기장이 있다는 것도 알았을 것이다. 기감이 그 근거다. 그리고 이 생체전류와 자기장이 사람의 몸과 마음에 커다란 영향을 준다는 것도 알았을 것이다. 그런데 문제는 '기'라는 단어에 여러 가지 것들을 포함시킨 것이다. 이 과정에서 '기'라는 단어가 왜곡되는 문제가 일어났다.

나는 그리스도인이다. 그리스도인은 이 땅에서 하나님의 형상을 반영하며 살아가야 한다. 동시에 왜곡된 것을 바로잡을 의무, 회복시킬 의무도 있다. 그래서 '기'라는 단어도 회복시키길 원한다. 생명체에 흐르는 전류, 그 전류로 말미암아 발생되는 자기장, 그리고 중력은 분명 하나님의 창조물이다. 사탄은 창조 능력이 없다. 사탄은 하나님의 창조물을 왜곡, 타락시키는 일만 할 뿐이다. '기'를 다룬 책들이 말하는 '기'는 내가 아는 '기'와 다르다. 세상에서 말하는 기는 영적인 것과 영적인 사상 등을 담고 있다. 그렇기 때문에 기가 하나님의 창조물임을 사람들이 알도록 도와주는 것이 옳은 일이다. 기는 생체전류, 자기장, 중력을 말한다. 이것은 모두 하나님의 창조물이다.

어느 예술가가 아들을 위해 멋진 작품을 만들어 전시해 놓았다고 하자. 아버지는 자신이 만든 작품을 아들이 보고 "역시 우리 아버지는 대단해!"라는 고백을 듣고 싶을 것이다. 그 작품은 작품성이 뛰어나서 사람들이 모여들었다. 그런데 어떤 악한 사람이 그 작품이 인기가 있는 것을 보고 작품에 이상한 천 조각을 덮어 놓고 거짓 정보가 적힌 팸플릿을 사람들에게 나누어 주었다. 마침 아들도 전시장에 왔는데 그 조각품 주위에 이상한 사람들이 모인 것을 본 것이다. 아들 친구가 그 아들에게 저 작품에 대해 아느냐고 물으니 아들은 "저건 악마 같은 사람이 만들었을 거야!"라고 했다. 그 아들은 천 조각 밑에 있는 조각품을 보지 못했던 것이다. 천 조각과 거짓된 정보가 담긴 팸플릿만 본 것이었다. 악마 같은 사람이 저 작품을 만들었다는 아들의 말을 아버지가 들었을 때 기분이 어떨까 생각해 보라. 나는 그 아버지의 마음을 '기'라는 대상을 통해 보게 되었다.

> 하늘은 주님의 것, 땅도 주님의 것, 세계와 그 안에 가득한 모든 것이 모두 주님께서 기초를 놓으신 것입니다(시 89:11).

하나님께서는 눈에 보이는 것만을 창조하시지 않으셨다. 비록 죄 때문에 사람이 총체적으로 망가졌지만 그럼에도 사람의 몸은 엄청나다. 하나님의 지혜와 사랑이 담긴 놀라운 작품이다. 그 몸 안에서 오장육부가 끊임없이 일하고 있고 혈액이 계속 흐르고 있다. 또한 생체전류도 흐른다. 몸 안에 미세전류가 흐르고, 그 흐름을 통해 자기장이 형성된다. 이러한 매커니즘을 보면 감탄만 나올 뿐이다. 이것은 무술 수련을 통해서 알게 된 것이다. 몸을 알면 알수록 하나님의 사랑과 지혜에 감탄하게 된다. 그런데 생체 전류와 자기장이 '기'라는 단어로 불렸고, 그 단어는 많은 왜곡된 것들을 끌고 다니는 용어로 왜곡되어 버렸다.

'기'는 신비적인 단어가 되어 버렸고, 그리스도인들은 '기'를 사탄의 것에 속한 것으로 인식하여 두려운 대상이 되어 버렸다. 그런데 '기'도 하나님의 창조물이다! '기'에 대한 왜곡에 하나님께서 마음 아파하신다……

꽃을 보고 '참 예쁘다!' 감탄하면서 그 꽃을 만드신 하나님께 영광을 돌린다면 하나님께서 좋아하실 것이다. '기'에 대한 관점도 꽃을 보는 관점과 같아야 한다고 본다. 이미 언급했듯이 '기'에 대해 언급한 것은 두 가지 이유다. 첫째는 하나님께서 만드신 '기'가 몸의 회복에 핵심적인 역할을 하기 때문이고, 둘째는 기에 대한 실체 때문이었다. 사람들이 '기'라는 단어에 달린 거짓 정보를 끊어 내고 '기'의 실체를 바로 알아 하나님께 영광을 돌리는 것이 나의 바람이기 때문이다. 누군가가 기에 대한 실체를 바로잡지 않으면 예수님께서 다시 오실 때까지 '기'는 신비화될 것이고, 악용될 것이기 때문이다. 그 결과 '기는 사탄이다'라는 그리스도인들의 거짓 고백으로 하나님 마음을 아프게 할 것이다. 우리를 위해 '기'(생체전류, 자기장, 중력)를 만들어 주신 하나님을 찬양하자!

나가며_작은 시작의 힘

호주에 있는 공원에 가보면, 기공체조, 태극권 등을 수련하시는 분들을 쉽게 볼 수 있다. 그분들이 연습하는 태극권은 대부분 건강을 목적으로 간략화한 간화 태극권이다. 태극권에는 혼자 천천히 움직이며 수련하는 권가라는 것이 있는데 간화 태극권은 몇 가지 쉬운 동작으로 구성되어 있다. 그러나 정통 태극권은 100개 이상의 자세가 섬세하고 복잡하게 연결되어 있다. 한 권가를 하는 데 20분 넘게 걸리기도 한다. 태극권 중에 정자 태극권이 있는데 5대 문파에 들어가지는 않지만 수준이 낮은 것은 아니다. 지금은 고인이 된 정만청이 창시자인데 원래 양가 태극권(대가식)을 수련하신 분이다. 정만청 종사는 당시 양가 태극권이 너무 길고 복잡해서 권가에서 반복되는 부분과 태극권경을 고려해 37식으로 만들었다. 이분이 주목받는 이유는 전 세계에 태극권을 퍼뜨린 인물 중 한 분이기 때문이다. 그가 이런 글을 남겼다.

나는 젊은 시절에 끈기가 없었다. 매번 몸이 안 좋아지면 무술 연습을 하다가 회복되면 곧 그만두었다. 그러다가 39년 전 폐결핵에 걸려 죽을 위기에 놓이게 되었는데…… 당시 폐결핵은 불치병이었다. 하지만 태극권을 통해 치유가 되었다. 그래서 난 다시는 그만두지 않기로 결심했다. 하지만 강의와 학교 업무로 조금도 시간을 낼 겨를이 없었다. 결국 아침에 일어나서 권법을 수련하지 않으면 세면과 조식을 하지 않았고, 취침 전에도 수련을 하지 않으면 잠자리에 들지 않았다. 오랫동안 이와 같이 하니 습관이 형성되어 마침내 다시는 그만두지 않게 되었다.[28]

정만청 종사가 식사 전과 취침 전에 했던 권법은 대략 6분에서 8분 정도 걸린다. 물론 이 정도 시간만 투자해서 경지에 도달할 수는 없었을 것이다. 정만청 종사는 실패할 수 없는 지극히 작은 목표를 세워서 꾸준하게 수련했던 것이다. 그때 당시 그는 고수가 되겠다는 것도 아니었고 단지 잊어버리지 않겠다는 정도의 목표를 세워 꾸준히 수련한 결과, 한 시대를 대표할 만한 고수가 된 것이다. 끈기가 없는 사람도 목표를 작게 잡아 꾸준히 한다면 비록 시간은 걸릴지라도 어느 정도의 수준에 도달할 수 있게 된다. 그러다 보면 정만청 종사처럼 최고의 경지에 도달하는 길도 열리게 되는 것이다.

또 다른 한 분을 소개하고자 한다. 예전에 잠시 일본 검술 거합도(IAIDO)를 수련한 적이 있다. 이 검술에는 검으로 상대 검을 막는 기술이 없다. 거합도에서 검은 상대를 베라고 있는 것이지 상대의 공격을 막으라고 있는 것이 아니기 때문이다. 문파에 따라 다른데 거합도는 정말 지겨운 무술 중 하나다. 발도(검을 집에서 빼는 것)와 착검

(검을 집에 넣는 것)을 무한 반복한다. 그런데 거합도가 무서운 이유는 예비 동작 없이 발도 즉시 상대를 베기 때문이다. 검이 집에서 나오는 순간 상대는 바로 베어진다. 무술 연구가 한병철 씨의 말을 빌리면 현재 가장 빠른 검을 가진 사람은 일본 몽상신전류 거합도의 이시도 8단이라고 한다. 거합도에서도 집을 허리 왼편에 둔다. 그리고 오른손으로 왼편의 자루를 잡고 발도하여, 검을 수직으로 세운 다음 오른쪽으로 검을 눕혀서 상대의 목을 겨눈다. 이 동작을 이시도 선생은 1초 안에 해낸다. 한병철 씨는 슬로모션이 가능한 캠코더로 확인했다고 한다. 이시도 사범이 검을 뽑아 상대의 목을 겨누는 데까지 걸린 프레임이 6프레임(1초는 29.97 프레임)이었다. 발도해서 상대를 베는 데 걸리는 시간이 총 0.2초라는 뜻이다. 이 속도는 아무나 낼 수 있는 속도가 아니다. 1초의 반이 0.5초이고, 0.5초의 절반이 0.25초다. 0.2초는 눈으로 확인할 수 없는 속도다. 이 말은 이시도 사범의 사정거리에 들어가면 상대가 총을 들고 있더라도 이시도 사범에게 목숨이 달려 있다는 소리다. 주목해야 하는 말은 다음에 나온다. 한병철 씨는 이시도 사범에게 그 정도 내공을 가지려면 하루에 3~4시간 수련해야 되지 않느냐고 물었다. 그러자 이시도 사범은 "하루에 30분만 수련하면 충분하다"고 잘라 말하면서 "대신 하루도 수련을 빠지면 안 된다"는 말을 덧붙였다고 한다.[29]

　　정만청 종사와 이시도 사범의 말에 귀를 기울일 필요가 있다. 사람들은 눈에 보이는 결과를 빨리 얻으려는 경향이 있다. 회복도 예외는 아니다. 그런데 눈에 보이는 결과를 빨리 얻으려면 무리수를 둘 수밖에 없다. 무리를 하면 당장 눈에 보이는 성과로 인정받을 수는 있다. 그러나 부작용이 따른다. 무엇보다 본인이 지친다. 그래서 현명한 사람들은 장거리에서 전력질주하는 지도자는 따라가지 않는다. 꾸준하기 위해서는 지쳐서는 안 되고, 지치지 않기 위해서는 무리가 되지 않는 작은 보법에 정성을 기울여야 하기 때문이다.

영·혼·몸 회복을 위해서는 아주 기본적인 것들부터 시작하면 된다. 이때 누가 그랬으니까 나도 그렇게 한다는 식은 안 된다. 사람마다 주어진 상황과 여건이 다르기 때문이다. 쉽게 지킬 수 있는 목표를 세워 꾸준히 하면 된다. 만약 작심삼일이 된다면 목표를 과하게 잡은 것이다. 목표를 더 낮춰야 한다. 비록 남들보다 양이 적다고 하더라도 꾸준하게 말씀을 읽고 기도의 시간을 가지면서 하나님과 이웃을 사랑하면 은혜로 반드시 회복은 일어난다. 아주 작은 변화가 나중에 큰 변화를 일으킨다. 큰 태풍도 강한 바람에서 시작되지 않는다. 아주 작은 바람에서 시작된다. 큰 파도 역시 작은 물결에서 시작된다. 이 원리가 사용되어 무술에서 사용되는 강력한 힘도 만들어지는 것이다. 어떤 일을 해내려고 거창하게 준비하면 반짝 이벤트로 끝난다.

기본에 충실한 작은 변화를 통해 자신이 변화되고, 가정이 변화되고, 사회가 변하고 종국에는 나라까지 변화되는 것이다. 마더 테레사가 수많은 아이들을 돌볼 수 있었던 비결도 아이 한 명을 사랑으로 돌보았기 때문이다. 1907년 평양 대부흥 역시 아주 작은 기도 모임에서 시작되었다. 몸 회복, 마음 회복, 영 회복을 위해 아주 작은 것 하나부터 하나님께서 싫어하시는 언행은 버리고, 기뻐하시는 언행은 취하면 비록 작은 시작이지만 모든 상황에서 큰 변화가 일어날 것이다. 우리를 도우시는 성령께서 함께하시기 때문이다. 궁극적인 회복은 몸과 마음의 회복을 넘어 이웃과 더불어 하나님을 영원토록 즐거워하는 상태에 이르는 것이다. 다시 강조하지만, 회복의 시작은 아주 작은 것에서부터 시작된다. 작은 것이라도 시작해야 회복도 시작된다. 이 책이 그 시작에 마중물이 되기를 바란다.

신학과 무술의 대화

이 책의 필자를 만난 것은 내가 호주 시드니 신학대학(SCD)에 계절
학기 집중강의를 하러 갔을 때였다. 필자는 매우 인상적인 학생이었
다. 그는 진지하고 치열하게, 그러나 겸손하고 온화하게 수업과 토론
에 참여했다. 경건한 가운데 신학적 지성을 잘 쌓아가는 모습이었다.
아울러서 그는 외적으로도 탄탄하고 안정감 있는 카리스마를 내뿜
었다. 그것은 그가 그동안 수련해 온 운동과 무술로 인한 것이었다.
장시간의 수업 중 휴식 시간에 잠시나마 그의 지도를 받아 함께하
는 스트레칭은 클래스에 큰 활력소가 되었다. 그 집중강의를 한 지
몇 년이 지나서 자신이 지은 책에 대한 추천의 글을 부탁해 왔다. 이
런저런 사정으로 작성을 미루다가 마침내 이 책을 읽었다. 한숨에 읽
어 내려갔다. 다른 사람에게 추천할 만한가 생각하면서 읽다가 나에
게 먼저 필요한 글이라고 느꼈다. 분주함으로 지쳐 있는 내게 회복
의 길을 제시해 주었기 때문이다. 성서 묵상을 통해 도달한 필자의
묵직한 내용들이 신학적 검토와 반성을 거쳐서 현대 사회의 다양한

지식 및 상식(특히 무술 수련 관련)과 대화를 하면서 집필된 이 책은 현대의 경건한 그리스도인들을 위한 실천적 신앙교양서 역할을 훌륭히 수행할 것으로 기대된다. 아울러서 하나님의 구원의 복음을 인간의 마음, 영, 몸의 온전한 회복, 곧 전인적 구원에 대한 미래적 소망과 그 현재적 효력의 관점에서 풀어 가고자 하는 시도는 건전한 신앙관 형성을 위한 신학적 토론에 좋은 대화의 실마리를 제공하리라 기대한다.

오 성 현

서울신학대학교 기독교윤리학 교수

일독과 수련을 권하며

하나님은 인간의 몸과 마음과 영혼의 창조주, 구원자, 섭리자이시다. 이것은 인간과 사회의 기원과 존재양식과 종말에 대한 근원적 토대이다. 이러한 신앙 고백을 전제로 할 때 인간의 몸, 마음, 영혼, 이 세가지 요소는 유기적 연관성을 가질 수밖에 없다. 유기적이고 총체적인 관점에서 인간을 이해하고 인간의 질병 치유와 건강 회복을 도모하는 일은 대단히 중요하다. 특히 창조 세계의 균형이 깨어지고 생태계 먹이사슬이 경제적 이득을 정점으로 전도된 현대 세계에서 몸, 마음, 영혼을 총체적으로 치유하고 회복을 도모하는 '회복의 블랙벨트'는 신앙인은 물론 일반 사람들에게도 소중한 가르침과 삶의 지혜를 준다. 저자의 말과 같이 온전하고 참된 회복은 몸, 정신, 영혼 중 어느 한 부분만 다룬다고 이루어지지 않는다.

　　비록 저자는 마음이나 정신, 영적인 문제에 전문가는 아니라고 하더라도 평생 무술을 갈고닦아 깊은 경지에 들어갔으며, 몸을 단련하고 회복하는 것이 마음과 영혼의 상호관계성 속에서 이루어

저야 함을 역설한다. 바로 이러한 점에서 본서는 회복에 대한 치우친 관점을 보완한다. 아울러 온전하며 전인적인 치유와 회복을 위한 실제적이며 총체적인 길잡이 역할을 하리라 믿는다. 깊은 무술의 경지가 덕이라는 중후하고 아름다운 옷을 입어 품격으로 드러나는 저자의 진실한 신앙적 가르침이 나비 효과를 가져오리라 믿는다. 저자의 개인적인 체험과 무술 이야기는 궁극적으로 생명의 보존과 만개를 위한 고귀한 목적을 달성하는 데 유익하게 쓰임받게 될 것으로 기대하고 소망하며 많은 분들의 일독과 수련을 권한다. 혼탁하고 혼미한 세상에 이 책이 개인의 건강은 물론 맑은 사회를 만드는 데 기여하리라 믿는다.

김 영 동
장로회신학대학교 선교학 교수

주

1부

1) 그랜트 오스본, 《디모데전·후서 디도서》, 김진선 옮김 (성서유니온, 2008), 293쪽.

2) 장미자, 《신명기, 구약신학의 수원지》 (킹덤북스, 2010), 267쪽.

3) 강영안, 《강영안 교수의 십계명 강의》 (IVP, 2013), 179쪽.

4) 그랜트 오스본, 《디모데전·후서 디도서》, 김진선 옮김 (성서유니온, 2008), 294쪽.

5) 그랜트 오스본, 295쪽.

6) 위의 책.

7) 위의 책, 296쪽.

8) 틱낫한, 《화》, 최수민 옮김 (명상, 2003), 18, 19쪽.

9) 그랜트 오스본, 297쪽.

10) 목회와 신학 편집부 엮음, 《디모데전후서 디도서 어떻게 설교할 것인가》 (두란노, 2008), 116쪽.

11) 위의 책.

12) 본문에서 '선'을 이룬다는 말은 이 땅에서 우리의 계획이 반드시 성취된다는 의미가 아니다. 그렇다고 이 땅에서 망한다는 뜻도 아니다. 우리의 성공 여부를 말하는 그런 차원이 아니다. 하나님의 뜻대로 부르심을 받은 사람들의 상황이 암담하게 보이더라도 모든 일이 하나님의 뜻을 향해 달려가 결국 뜻이 성취된다는 것이다.

13) 한스 F. 베이어, 《마가신학》, 곽계일 옮김 (개혁주의출판사, 2013), 315, 316쪽.

14) 우리가 하나님 나라를 세워 나가는 것이 아니라 하나님께서 우리의 순종을 통해 당신의 나라를 세워 나가시는 것이다. 하나님 나라는 우리의 공로로 우리가 세우는 것이 아니라 하나님께서 우리의 순종을 통해서 베푸시는 것이다. 그래서 하나님의 나라는 이루는 것이 아니라 임하는 것이다.

2부

1) 내가 말하는 단전은 뉴에이지에서 말하는 단전이 아니라 몸의 중심점을 말한다.

2) *The Transformation Study Bible* (David C. Cook, 2009), 897쪽.

3) 하나님의 거룩하신 이름을 함부로 부를 수 없었기에 히브리어로는 '야훼' 대신 '아도나이'라고 발음한다. 괄호 안의 번호(strong code)를 찾으면 히브리어 사전에서 직접 확인도 가능하다.

4) 영적인 문제를 타인과 비교하면 안 되지만 설명을 위해서 비교했으니 참고하기 바란다.

5) 이시형, 《세로토닌 하라!》 (중앙books, 2010), 11쪽.

6) 위의 책, 197~203쪽.

7) 시 27:4, 80:3, 85:7, 115:1, 119:77, 119:174, 141:3-5.

8) 에베소서 1장 17-19절의 바울의 기도에 적용시켜 보라.

9) 시 18:1-2, 19:7-8, 89:11, 92:10, 94:12, 114:8, 115:3, 119:130, 129:4, 135:6.

10) 시 103:1-2, 117:2, 150:2.

3부

1) 정현용 기자, "행복은 '수면시간' 순… 잠을 허하라", 〈서울신문〉, 2017년 7월 25일자.

2) 한성간 기자, "잠 못자면 화 잘 내는 이유 밝혀졌다", 〈연합뉴스〉, 2007년 10월 23일.

3) http://articles.mercola.com/sites/articles/archive/2015/04/02/poor-sleep-promotes-alzheimers.aspx
http://www.nih.gov/news-events/news-releases/brain-may-flush-out-toxins-during-sleep

4) 최승목, "성경의 심리학: 음식과 범죄" 〈L.A. 중앙일보-미주판〉, 2013년 9월 17일자, 30면

5) 류영창, "왜 오래 씹어 먹어야 하는가?" 〈건설경제신문〉, 2017년 3월 6일자.

6) 돈 콜버트, 《예수님처럼 식사하라》, 김지홍 옮김 (브니엘, 2003), 228쪽.

7) 항공마일이란 직선거리로 계산할 때 사용되는 단위로 실제 거리는 훨씬 길었다고 추
  정된다.

8) 이애실, 《어? 성경이 읽어지네》 (두란노, 2004), 291쪽.

9) 조기연, 《두란노 HOW 주석 46》, 목회와 신학 편집부 엮음 (두란노, 2008), 86쪽.

10) 류모세, 《열린다 성경난해구절》 (규장, 2014), 170쪽, 신약에서 '아가페'와 '필레오'가
  혼용되기도 하지만 이 두 의미는 구분되어 있다. 마찬가지로 '하라그'도 가인이 아
  벨을 살인할 때 사용된 단어이지만 '라짜흐'와 구분된다.

11) 김인철, 《유대문화로 읽는 (상) 복음서의 난제》 (그리심, 2007), 118쪽.

12) 류모세, 178쪽.

13) Dr. Yang, Jwing-Ming, *Shaolin Chin Na* (YMAA publication center, 1995), 17쪽.

14) 이동현, 《생활기공》 (정신세계사, 1992), 200쪽.

15) Yang Jwing-Ming, *Eight Simple Qigong Exercises for Health* (YMAA publication
  center, 1997), 11쪽.

16) 위의 책, 43쪽.

17) 이동현, 200쪽.

18) 김철중, "오래 앉아 있는 당신, 혈관 막는 '피떡'이 노린다", 〈조선일보〉, 2013년 3월
  16일자.
  최동훈, "한 자세로 오래 있으면 혈관에 피떡… 1시간마다 5분 이상 움직여 주세요",
  〈중앙일보〉, 2017년 7월 12일자.

19) 위의 책.

20) 물리적 호흡이 영혼과 관련이 있다는 사실을 확대 해석하면 안 된다. 이 말은 글을
  배우는 것과 성경 말씀을 읽는 것이 관련이 있다는 맥락과 같다(글을 모르면 성경을
  읽을 수 없듯). 호흡 방식이 나쁘면 감정 조절도 잘 안 되고, 감정 조절이 잘 안 되면
  영성에도 도움이 안 된다. 물리적 호흡을 뉴에이지처럼 영적으로 해석하면 안 된다.

21) 창세기 2장 7절에서 하나님께서 사람의 코에 생명을 불어 넣으셨다는 것은 우리가
  생각하는 호흡, 숨으로 이해해도 되고, 바람, 영감, 영으로 이해해도 된다. 왜냐하면
  둘 다 '네샤마'에 포함되기 때문이다. 오히려 둘 다를 포함하는 의미로 이해하면 좋
  다. 흔히 우리말 번역 성경에 '생기'라는 단어 때문에 하나님께서 '기'를 불어 넣으셨
  다고 하는데, 여기서 기는 우리가 흔히 말하는 '기'가 아니다.

22) Yao Chengguang, Kubo Isatp, *Secret Thechniques of Yi Quan & Taikiken*
  (Kitensha, 2000), 21-22쪽.

23) 한장근, 〈마르스〉 (네트포스, 2000), 100쪽.

24) 이동현, 《건강기공》 (정신세계사, 1992), 107쪽.

25) 위의 책.

26) 위의 책, 108쪽.

27) http://www.kormedi.com/news/article/1213644_2892.html

28) 정만청, 《정자태극권》, 이찬 옮김 (하남출판사, 2003), 286~289쪽.

29) 한병철, 《고수를 찾아서》 (영언문화사, 2003), 155~165쪽.

30) 숨을 뱉을 때 아랫배를 팽창시키고 들이 쉴 때 아랫배를 수축시키는 방식. 일반적으로 복식호흡이 주로 알려져 있어서인지 복식역호흡은 자연에 반대되는 위험한 호흡법이란 오해를 받는다. 특히 기수련 지도자들 중에서도 복식역호흡에 대해 색안경을 끼고 부정적으로 보는 분들도 가끔있는 것 같다. 물론 복식역호흡을 인위적으로 무리하게 되면, 문제가 될 수 있지만, 자연스럽게 이루어지는 복식역호흡은 건강에 큰 도움이 된다. 또한 복식역호흡은 자연 호흡의 일부이다. 왜냐하면, 풍선을 불 때, 악기를 불 때, 크게 웃을 때, 흐느끼며 울 때 복식역호흡이 일어나기 때문이다. 태극권, 팔괘장, 형의권은 실전 겨루기에서 복식역호흡을 사용한다.

31) Paul Dillon, *Liuhebafa Five Character Secrets* (YMAA, 2003), 22–29쪽.

부록

───────

사진으로 보는 수련법

천조 기지개 전편

1

위로 기지개

내장을 위로 올려 자연스럽게 복압을 높인다.
이것은 혈액순환을 돕는다.
횡경막 운동도 강화되어 심폐기능이 향상된다.

양발을 어깨넓이로 벌리고 서서
두 손을 깍지 낀 상태로 단전 앞에 놓는다.
이때 고개를 숙여 손바닥을 바라본다
(턱을 목에 붙인다). 이때 뒷목이 스트레칭된다.
그리고 손바닥은 펴진 상태에서 위를 향하고 있다.

깍지 낀 손을 서서히 올릴 때 목도 같이 움직인다.
눈 앞에서 손바닥을 밖으로 향하게 만든다.

깍지 낀 손을 계속 올려 손바닥이 하늘을 향하게 만든 뒤 하늘을 향해 손을 쭉 뻗는다.
이때 손등을 바라본다. 잠시 멈춘 다음(4초) 역순으로 서서히 내려온다.
힘을 천천히 뺀다. 갑자기 힘을 빼지 않는다. 고개도 따라온다.

천조 기지개 전편

2
옆으로 기지개

양팔을 옆으로 크게 펼쳐 팔 전체 근육에 탄력을 주고
동시에 폐활량을 높여 심폐 기능이 강화된다.
엄지와 검지의 스트레칭은 폐장과 대장의
기능을 돕는다.

기마자세로 선 다음,
가슴 앞에 양손을 가위 손으로 만들어
오른손을 위에 왼손을 아래에 둔다.

오른쪽 가위 손을 뻗는 동시에 왼쪽 가위 손은
왼쪽 가슴으로 끌어 당긴다. 마치 활시위를 당기듯 한다.
이때 고개는 뻗은 손을 따라간다.

팔을 다 뻗은 후 엄지 손가락을 아래로 돌려 엄지 손가락이 지면을
향하게 만든 상태에서 약 4초간 활시위를 세게 당긴 자세를 유지한다.
이때 엄지와 검지를 최대한 벌리는 동시에 중지, 약지, 소지는 꽉 쥔다.
그리고 돌아올 때는 역순으로 돌아온다(돌아올 때는 서서히 이완시킨다).
이때 고개도 손을 따라 천천히 원상태로 돌아온다. 반대 방향으로도 한다.

천조 기지개 전편

3
위아래 기지개

손이 위 아래로 교차되면서 기의 흐름이 위 아래로
소통된다. 결과적으로 비장과 위장과 간장과 담장 등의
소화기 계통이 다스려진다. 또한 어깨가 부드러워지고
스트레스가 해소되어 정신이 안정된다.
위무력증 환자에게 권한다.

양발을 어깨넓이로 하고
양손을 가슴 앞에 둔다.

오른손을 위로 올려 천장을 밀어 올리는 동시에
왼손은 아래를 향해 지면을 누른다.
약 4초 후 양손을 바꿔서 한다.

천조 기지개 전편

4

뒤로 기지개

———

심신의 피로를 회복하고 내장을 강화하여 각종 만성병을
예방하고 회복하는 데 도움이 된다. 동시에 목의 근육을
부드럽게 해주며, 척추를 바르게 하는 효과도 있다.
허리가 아픈 분은 무리하지 않는다. 뒤로 기지개는
눈동자까지 스트레칭을 하나 백내장, 녹내장 같은
질병이 있는 분들은 무리하면 안 된다.

말 탄 자세를 취한 다음 왼손은 아랫배에,
오른손은 손등을 허리 뒷부분에 갖다 댄다
(어깨가 건강한 분은 오른 손등을 더 올릴 수 있다).

허리를 서서히 시계 방향으로 돌리되, 이때 무릎이 같이 돌아가지 않도록 주의한다.
대부분 허리를 돌리면 무릎도 같이 돌아가는데 주의해야 할 부분이다.
허리를 돌리고, 목을 돌리고 눈동자까지 뒤를 바라본다.
약 4초 후에 원상태로 서서히 돌아온다. 반대 방향으로도 한다.

5
등펴 기지개

허벅지 안쪽 근육을 부드럽게 해 주며
특히 내장의 혈액순환을 돕는다.
척추를 바로 펴주며, 다음 행해지는
밑으로 기지개를 준비하는 역할을 한다.

앞서 행한 뒤로 기지개보다
더욱 자세를 낮춰
낮은 말 탄 자세를 취한다.

양 손바닥을 무릎 위에 올려놓은 상태에서 뒤에 산이 있다고 생각하고 시계 방향으로 몸통을 돌려 후방 45도 위를 바라본다.
이때 왼쪽 팔은 완전히 펴진다. 엉덩이가 뒤로 빠지지 않게 주의한다. 등을 최대한 펴서 한다. 약 5초 후에 원상태로 돌아온다.
손을 무릎에 놓을 때 손가락 방향을 안쪽 또는 바깥쪽으로 바꿔 가면서 하면 팔의 근육이 골고루 이완된다. 반대 방향으로도 한다.

천조 기지개 전편

6
밑으로 기지개

요통을 예방하고 특히 신장, 방광의 건강에 큰 도움이
된다. 신장, 방광이 약한 분들은 밑으로 기지개를 여러 번
천천히 반복하면(하루에 20분) 좋은 결과를 얻을 수 있다
(의사와 상의 후에 한다). 무리해서는 안 되고,
특히 고혈압 환자나 동맥경화 환자는 머리를
떨어뜨리지 말고 해야 한다.

양발은 어깨 넓이로 벌린다.
유연성이 낮은 분들은 양 다리를 좀더 벌린다.
양손으로 허리를 받친다. 허리를 뒤로 젖히면서 아랫배를 본다.
이때 고개를 떨구어 턱이 가슴에 닿게 만든다. 이때 뒷목이 스트레칭된다.

서서히 원상태로 돌아온 뒤, 고개를 들면서 양손으로 다리 뒷부분을 쓸어내리며 발목을 잡는다. 유연하지 못한 분들은
내려갈 수 있는 부분까지 내려간다. 내려간 상태에서 머리는 반드시 들어 주며 눈은 멀리 보도록 한다. 약 4초간 머문다.
허리가 건강하고 혈압이 괜찮은 분들은 고개를 떨어뜨릴 수 있다. 이때 머리 무게 때문에 목이 자연스럽게 이완된다.
그러나 허리가 약하든지 혈압 또는 눈에 문제가 있는 분들은 고개를 떨어뜨리면 절대 안 된다.
서서히 원상태로 돌아간다(서두르면 안 된다. 반드시 천천히 해야 한다).

7

앞으로 기지개

주먹을 내지르는 것으로 몸 전체의 기력이 증강되고,
눈을 부릅뜸으로 간의 기능을 활성화시킨다.

말 탄 자세를 취하고, 양손 주먹을 양 허리 옆에 두었다가(이때 손등이 지면을 향한다)
태권도처럼 정권지르기를 하되 주먹을 세워서(손날이 지면을 향하도록 한다는 말)
천천히 내지르며 주먹을 꽉 쥐기 시작한다. 이때 두 눈도 천천히 긴장시킨다.
목표를 정해 놓고 노려보면 된다.

팔을 다 뻗은 뒤에 안쪽으로 돌려 손날이 하늘을 향하도록 한다.
그리고 약 4초 동안 버틴다. 즉 주먹으로 전방을 밀고 반대쪽 팔, 팔꿈치로
후방을 민다. 서서히 역순으로 주먹을 회수한 다음 반대쪽 주먹을 내지른다.

천조 기지개 전편

8
까치발 기지개

───────

온몸의 긴장과 이완을 반복함으로써 자율신경이
조절된다. 팔을 높이 올리므로 숨을 마실 때 하복부가
저절로 들어가고 숨을 내뱉으면 하복부가 나온다.
이는 자연스럽게 복식역호흡을 유도한다.
결과적으로 내장의 혈액순환에 큰 도움이 된다.
내장에 관련된 질병이 호전되는
것을 돕는다.

양발을 어깨넓이로 한다.
양손을 천천히 위로 들어올린다.
손가락에 서서히 힘을 주면서 손가락을 부채처럼
서서히 편다. 동시에 발뒤꿈치를 서서히 들기 시작한다.

양 손가락을 활짝 편 상태에서 양팔을 위로 최대한 들어올린다. 손가락을 활짝 펴는 것이
중요하다. 동시에 마치 위에 붙들려 있는 것같이 발뒤꿈치도 최대한 올린다. 이때 시선은
하늘을 보지 않는다. 얼굴은 정면을 바라보되 시선은 땅의 한곳에 고정시켜서 중심을 잡도록 한다.

관절 돌리기

1

___

무릎 돌리기

★

관절 돌리기는 운동 전후에 해주는 것이 좋다. 스트레칭 전후에도 해주면 좋다.
참장 수련이나 서서 기도드린 후 관절 돌리기를 해주면 몸에 부담을 줄일 수 있다.
관절 돌리기의 효과를 분명하게 보려면 자주 해주는 것도 중요하지만 횟수를 늘려야 한다.
텔레비전을 볼 때 소파에 몸을 파묻지 말고 관절 돌리기를 하면서 보면 건강에 도움이 될 것이다.

무릎을 돌린다.
반드시 고개를 위로 들어 허리에 부담을 주지 않는다.
머리 무게 때문에 머리를 떨어뜨리면 허리에 부담이 많이 간다.
그리고 무릎을 너무 빨리 크게 돌리는 경향이 있는데 천천히 작은 원부터 그리면서 한다.

관절 돌리기

2

허리 돌리기

무릎을 구부린 상태에서
가상의 공을 붙잡는다.

무릎을 펴면서 공을
왼쪽으로 돌린다.

서서히 공을 오른쪽으로 내린다.
이때 무릎도 서서히 구부린다.
한마디로 가상의 공을 들고
360도 회전시키는 것이다.

가상의 공을 머리 위로
올렸을 때는 시선이
가상의 공을 향한다.
이때 무릎은 다 펴진다.

관절 돌리기

3

___

손목 돌리기

손목은 언제든지 돌려 줄 수 있는 부분이다.
단 손목을 꺾어 가면서 거칠게 돌리지 말아야 한다.
부드럽게 작은 원을 그리며 부드럽게 돌려 준다. 자주 해주면 좋다.

관절 돌리기

4

어깨 돌리기

양 손끝을 양 어깨에 놓고 천천히 호흡에 맞추어 돌린다.
먼저 앞에서 뒤로 돌린다. 심호흡을 하면서 돌려야 되니 빠르게 할 수가 없다.
천천히 해야 한다. 다 돌렸으면 이제는 뒤에서 앞으로 돌린다.
역시 심호흡에 맞추어 돌린다. 돌릴 때마다 발뒤꿈치를 들어 가며 돌린다.

어깨가 아픈 분들은 원을 크게 돌리지 않는다.
견비통이 있다고 하더라도 어깨를 사용하지 않으면
더 큰 문제가 발생된다. 따라서 견비통이 있으신 분들은
아주 작은 원을 그린다. 그리고 자주 해준다. 어깨가 너무 아파서
도저히 할 수 없는 분들은 '스파이럴 웨이브 모션'이 견비통 개선에
도움이 된다. 어깨 관절돌리기는 견비통을 예방하고,
어깨 근육을 풀어 준다. 호흡을 병행하니 심폐 기능에도 도움이 된다.

관절 돌리기

5

목 돌리기

목 운동을 한다고 목을 막 돌리면 안 된다.
목이 다칠 수 있기 때문이다. 평소에 혈액순환이 좋지 않아
목이 자주 삐는 분들은 목 운동을 하기 전에 코끝이
연필이라고 생각하고 허공에다 무한대(옆으로 누운 8)를 충분히 그린다.
목 근육을 푸는 데 도움이 된다. 목을 돌릴 때에는 천천히 한다.
어지러움을 느끼면 빨리 돌린 것이다. 최대한 원을 작게 해 천천히 돌린다.
이때 시계 시침을 보는 것처럼 눈으로 주위를 보면서 목을 돌린다.
눈으로 시계 시침을 보는 것처럼 목을 돌리면 눈동자도 돌아가게 된다.
눈 운동도 같이 해야 된다는 말이다. 목 관절 돌리기 역시 작은 원부터 시작한다.

숨고르기

무릎을 구부린 상태에서 하거나, 숨을 마실 때
무릎을 펴고 숨을 뱉을 때 무릎을 구부리면 된다.
또는 숨을 마실 때 무릎을 구부리고 뱉을 때 무릎을
편다. 처음에는 무릎을 약간 구부린 상태에서
그냥 하는 것이 쉽다.

★
무릎을 약간 구부리고 바로 선다.

★ ★

먼저 숨을 편히 내쉰 다음, 천천히 숨을 마시면서 양팔을 어깨 높이만큼 올린다.
모든 관절이 느슨한 상태에 있기 때문에 팔이 다 펴지지 않고 약간 구부러져 있다.

★★★
이어서 양손을 가슴 쪽으로 약간 당긴다. 이때 너무 당기면 안 된다.
이때는 숨을 마시는 것도 뱉는 것도 아니다. 호흡이 0.5~1초쯤 잠시 정지된 상태다.

★★★★
숨을 천천히 뱉으면서 양팔을 내린다.

★ ★ ★ ★ ★

팔을 내린 후 잠시 다시 뻗는 것도 아니고 마시는 것도 아닌, 0.5~1초쯤 정지된 상태다. 앞의 과정을 반복한다.
천천히 할수록 효과가 크지만 처음부터 천천히 해서는 안 된다. 갑자기 호흡의 속도를 떨어뜨리면 몸에 부담이 되기 때문이다.
천천히 하는 것이 좋다고 해서 숨이 찰 정도로 하면 안 된다. 말 그대로 숨을 고른다는 데 의미가 있다. 숨이 편해야 한다.
반복하는 횟수는 정해지지 않았다. 지겹지 않다면 20분에서 50분까지 할 수 있다. 숨고르기를 통해 모든 병이 다 고쳐지는 것은
아니지만 여러 가지 질병들이 고쳐진 사례가 많다. 집중력 개선에도 효과가 크다. 초보자인 경우 제자리에서
장시간 숨고르기를 하면 힘들어질 수 있기 때문에 걸으면서 해도 된다. 숨고르기를 할 때 단전을 의식하면서 하면 좋다.

참장

———

천조(무술)에는 기본 참장이 전편과 후편으로
나누어져 있는데, 후편은 내가 만들었지만 전편은
폴 딜론(Paul Dillon)이 정리한 '리우헤바파' 참장이다.
본서에서는 전편과 후편 중 기도드릴 때 집중에
도움이 되는 자세 다섯 가지를 골라서 소개하겠다.

1

기본 자세

조용한 곳에 선다. 발과 발 사이는 어깨 넓이보다 조금 넓게 벌린다. 발끝은 11자로 하거나 또는 발끝이 약간 밖으로 향하도록 한다(발끝을 안으로 또는 완전 바깥으로 하는 것에는 장단점이 있으나 이 책에서는 11자 또는 약간 밖으로 하자). 무릎은 반드시 구부린다. 초보자는 바지를 입으면 거의 표가 나지 않을 정도로 구부린다. 무릎을 많이 구부리면 효과는 좋으나(무릎이 발끝을 넘으면 안 된다) 초보자의 경우 어깨에 긴장을 주므로 점차 구부리는 것이 좋다. 무릎과 무릎 사이에는 풍선이 있다고 생각하고 무릎 안쪽으로 풍선을 붙잡고 있다고 생각한다. 그냥 무릎을 구부리고 있으면 체중이 발바닥 바깥 부분에 실리지만 무릎 사이에 풍선이 있다고 생각하면 체중이 발바닥 중심에 모아지기 때문이다. 체중이 발가락에 은은하게 실려 있으면 좋다(발가락에 힘이 붙게 된다. 발가락이 강해지면 하체 전체가 강해진다). 가끔 발뒤꿈치에 체중이 옮겨 가도 괜찮다. 체중이 발가락과 발뒤꿈치를 오가도 된다.

허리는 반듯하게 세운다. 허리를 반듯하게 하면 꼬리뼈가 안으로 약간 들어간다. 이 말이 어려우면 바닥에 무릎을 세운 상태에서 누워 본다. 그렇게 하면 바닥과 허리에 공간이 생기는데, 이때 허리로 바닥을 누르면 공간이 사라진다. 이 상태를 두고 허리를 편다고 하는 것이다. 이 경우 꼬리뼈는 안으로 조금 들어간다.

머리 가장 윗부분은 천장을 받친다고 생각하거나, 머리 끝부분에 끈이 묶여 있어 하늘과 연결되어 있다고 상상한다. 그렇게 되면 턱은 조금 떨어지고 뒷목은 펴진다. 턱이 들리면 잘못된 자세다. 즉 턱을 인위적으로 당기는 것이 아니라 목을 바로 세운 결과로 턱이 당겨진 상태가 되는 것이다.

가슴은 군인처럼 활짝 폈다가 어깨를 뚝 떨어뜨린다. 그러면 가슴 근육이 느슨해진다.

팔의 기본자세(내려놓기 자세)는 팔을 밑으로 늘어뜨리는 것이다. 이때 관절도 느슨해진다. 팔에 힘을 빼면 관절이 다 펴질 수가 없다. 약간 구부러지게 된다. 이때 손을 따뜻한 물에 담그고 있다고 생각하면 좋다. 팔은 몸 앞에 위치한다. 팔이 조금 구부러지면 몸 앞에 있을 수밖에 없다. 팔을 허리 옆에 붙이지 않는 이유는 겨드랑이 사이에 틈을 만들기 위해서다. 숨을 최대한 자연스럽게 쉴 수 있도록 환경을 만드는 것이다. 팔을 겨드랑이에 밀착시키는 것보다 공간을 만들어 주면 호흡이 편해진다. 이때 주의할 점은 팔꿈치를 옆으로 들지 않는 것이다. 팔꿈치를 들면 어깨가 올라가고, 어깨가 올라가면 몸 속 장기가 위로 당겨져 몸에 긴장이 일어나게 된다.

팔 자세는 위에 소개한 기본자세(내려놓기 자세)가 참장 자세의 기초가 되나 일반적으로 가장 보편화된 자세는 양팔로 큰 풍선 또는 항아리를 안고 있는 자세다(다음 쪽 참고). 이 자세가 기본이 되는 이유는 숨을 가장 자연스럽게 쉬기 좋은 자세이기 때문이다.

얼굴 자세도 중요한데, 우선 인상을 쓰지 말아야 한다. 미간 부위가 긴장되면 안 된다. 눈동자도 긴장해서는 안 된다. 치아는 닿을 듯 말 듯하며 혀는 입천장에 살짝 닿게 한다. 입에 공기를 머금고 있으면 안 된다.

지금부터 소개하는 자세를 하나 선택해 조용히 유지하면 된다. 지겨울 때마다, 집중이 깨어질 때마다 자세를 바꾼다. 이때 갑자기 자세를 바꾸면 안 되고 천천히 조심스럽게 움직여야 한다. 어떤 한 자세에서 집중이 잘되면 그 자세만 유지해도 된다.

2

오래 참음의 자세_ 품어 오래 참는다

내가권 무술에서 가장 중요하게 여기는 자세다. 척추가 바르지 않은 사람은 양팔 자세의 균형이 깨진다.
심한 경우가 아닐 경우, 팔 자세를 교정하면 척추가 바르게 되는 데 도움을 준다. 팔의 폭은 사진보다 작게 할 수도 있고,
크게 할 수도 있다. 팔 높이도 어깨보다 더 올라갈 수도 있고, 어깨 밑으로 내릴 수도 있다.
손가락 사이도 벌릴 수도 있고, 종이 한 장 들어갈 정도로 좁힐 수도 있다. 단 손가락에 힘을 주면 안 된다.
가장 편안한 자세가 가장 바른 자세이다.

3

자비의 자세_ 하나님께 자비를 구한다

오래 참음의 자세에서 천천히 양 손바닥이 하늘을 향하도록 한다. 겨드랑이가 몸통을 압박하면 안 된다.
그러기 위해서는 팔을 몸 앞에 두는 것이 좋다. 이 자세 역시 손이 어깨보다 올라갈 수도 있고
아예 밑으로 내릴 수도 있다.

4

선함의 자세_ 주님의 선하심으로 세상을 다스린다

기쁨의 자세에서 서서히 손바닥이 지면을 향하도록 만들어 선함의 자세를 취한다.
팔 높이는 어깨보다 내릴 수 있다. 아랫배까지 내릴 수 있다. 어깨 힘을 빼는 것이 중요하다.

스파이럴 웨이브

바른 자세로 서서
(양발 사이는 어깨보다 조금 넓게)
배 앞에 공을 들고 있다고 상상한다.
무릎은 구부린 상태다.

공을 앞으로(수직 방향) 회전시키는데 팔을 사용하지 않는다는 것이 핵심이다.
그러려면 몸을 사용할 수밖에 없다. 먼저 허리를 뒤로 젖힌다. 무릎은 여전히
구부리고 있다. 이렇게 가상의 공을 잡고 몸을 사용해서 가상의 공을 돌리는 것이다.
허리만 괜찮다면 사진보다 허리가 뒤로 젖혀진다.

무릎을 펴면서 가상의 공을 수직으로 회전시킨다.
몸의 반동으로 무게중심이 앞으로 조금 쏠린다.
처음에는 앞으로만 회전시킨다. 팔을 사용하지 않고 돌리려면
결국 몸의 반동을 사용할 수밖에 없다. 이때 웨이브 모션이 나온다.
서두르지 말고 잔잔한 물결처럼 움직이면 된다. 이렇게 5분 이상
자주 하면 된다. 줄넘기나 조깅을 한다고 생각하고 시간 투자를 한다.
주의할 점은 댄서들처럼 동작을 크게 하면 안 된다.
잔잔한 물결처럼 해야 한다. 특히 허리가 아프신 분들은
동작을 더 작게 해야 한다.

그리스도인의 몸 기도

영, 혼, 몸의 총체적 회복 수련

A Holistic Recovery Discipline
of Spirit, Soul, Body

2018. 7. 17. 초판 1쇄 인쇄
2018. 7. 30. 초판 1쇄 발행

지은이 곽진호
펴낸이 정애주
국효숙 김기민 김서현 김의연 김준표 김진원
박세정 송승호 오민택 오형탁 윤진숙 임승철
임영주 임진아 정성혜 차길환 최선경 허은
펴낸곳 주식회사 홍성사
등록번호 제1-499호 1977. 8. 1.
주소 (04084) 서울시 마포구 양화진4길 3
전화 02) 333-5161
팩스 02) 333-5165
홈페이지 hongsungsa.com
이메일 hsbooks@hsbooks.com
페이스북 facebook.com/hongsungsa
양화진책방 02) 333-5163

ⓒ 곽진호, 2018

ISBN 978-89-365-0354-3 (03230)